THICH NHAT HANH

Die Heilkraft buddhistischer Psychologie

GOLDMANN

Buch

Wenn wir uns gestresst fühlen oder sehr beschäftigt sind, sagen wir oft, dass wir den Verstand verlieren oder nicht wissen, wo uns der Kopf steht. Doch wo war er, bevor wir ihn auf diese Weise verloren haben, und wo ging er hin? Wo ist unser Geist lokalisiert – im Körper, außerhalb des Körpers oder zwischen dem Körper und der äußeren Welt? Antworten auf diese Fragen gibt Thich Nhat Hanh in seinem grundlegenden Buch zur buddhistischen Psychologie. Er zeigt, dass letztlich wir selbst unsere Wirklichkeit erschaffen. Viele Beispiele und praktische Übungen verdeutlichen, wie wir zu körperlich-geistig-seelischer Balance finden, wenn wir die Wechselseitigkeit von Innen und Außen, von Körper und Geist sehen.

Autor

Thich Nhat Hanh, geboren 1926 in Vietnam, war Mönch, Zen-Meister, Dichter, Friedensaktivist und Autor zahlreicher Bücher. Er gründete die Van Hanh Universität für Buddhismus in Saigon und lehrte an der Columbia Universität und der Sorbonnet.
Die Sanftheit und die liebevolle, alltagsnahe Sprache dieses großen buddhistischen Lehrers ziehen Menschen über alle kulturellen und religiösen Grenzen hinweg an.
www.plumvillage.org

Von Thich Nhat Hanh sind bei Goldmann und Arkana außerdem erschienen:

Ärger (21781)
Ich pflanze ein Lächeln (22283)
Wenn es auch unmöglich scheint (22016)
Geh-Meditation, inkl. DVD (33820)
Der furchtlose Buddha (34132)

Thich Nhat Hanh

Die Heilkraft buddhistischer Psychologie

Aus dem Englischen von
Ursula Richard

GOLDMANN

Die Originalausgabe erschien 2007 unter dem Titel
Buddha Mind Buddha Body. Walking Toward Enlightenment
bei Parallax Press, Berkeley, California, USA. Die
deutsche Erstausgabe wurde 2009 unter dem Titel
Körper und Geist in Harmonie. Die Heilkraft buddhistischer Psychologie beim Kösel-Verlag, München, veröffentlicht.

MIX
Papier | Fördert gute Waldnutzung
FSC® C014496
FSC www.fsc.org

Penguin Random House Verlagsgruppe FSC® N001967

18. Auflage
Taschenbuchausgabe Juni 2013
Wilhelm Goldmann Verlag, München,
in der Penguin Random House Verlagsgruppe GmbH,
Neumarkter Straße 28, 81673 München

Umschlaggestaltung: UNO Werbeagentur, München
Umschlagmotiv: FinePic, München
Satz: Satzwerk Huber, Germering
Druck und Bindung: GGP Media GmbH, Pößneck
Printed in Germany
ISBN 978-3-442-22015-1

www.goldmann-verlag.de

Inhalt

Vorwort

Bereits auf den ersten Seiten des Buches entwirft Thich Nhat Hanh ein Bild, das dieses wundervoll trostreiche und inspirierende Buch sehr gut zusammenfasst. Sie kämpfen mit einem Computerproblem. Ihr älterer Bruder kommt in dem Moment, in dem sie schon aufgeben wollen, und sagt: »Rück zur Seite, ich übernehme das jetzt.« Sie fühlen sich beruhigt, noch bevor das Problem gelöst ist.

Dieser große Bruder ist der Buddha in uns, unser klarstes Verstehen. Und mit seiner freundlichen, geduldigen, unerschütterlichen, überzeugenden, zeitgemäßen und oft sehr humorvollen Stimme scheint mir Thich Nhat Hanh ein vermittelnder großer Bruder zu sein. Auf jeder Seite dieses Buches spricht er direkt zu uns, sagt: »Schauen Sie! Genau da in Ihnen ist all die Weisheit, die zu Mitgefühl führt.«

Dies ist kein sehr umfangreiches Buch, doch es steckt alles darin, ausgedrückt in einer poetischen Sprache, in traditionellen buddhistischen Bildern, in Worten, die der westlich religiösen Tradition entstammen. Dass es darin um alles geht und dies in einer universalistischen Sprache präsentiert wird, stimmt mit der Botschaft dieses Buches überein: Es gibt nichts, was getrennt wäre von allem, was ist. Es gibt nur das wechselseitige Verbunden- und Durchdrungensein, Intersein. Unmöglich ist es, dieses Buch zu lesen, ohne sich inspiriert zu fühlen, die eigenen Anstrengungen im Interesse anderer Menschen, im Interesse aller Wesen, im Interesse unseres Planeten zu verdoppeln, wohl wissend, dass dieses Bemühen auch zu unserem eigenen Glück führen wird.

Sylvia Boorstein

Zwei Füße, ein Geist

Im *Lotos-Sutra* wird der Buddha als dasjenige auf zwei Beinen gehende Geschöpf beschrieben, dem der meiste Respekt und die größte Zuneigung entgegengebracht wird. Er erfuhr diese tiefe Wertschätzung, weil er wusste, wie man das Gehen genießen kann. Zu gehen ist eine wichtige Form buddhistischer Meditation. Sie kann eine tiefgründige spirituelle Praxis sein. Wenn der Buddha ging, so tat er das ohne jede Anstrengung. Er genoss einfach das Gehen. Er musste sich nicht bemühen, denn in Achtsamkeit zu gehen bedeutet, mit allen Wundern des Lebens in uns und außerhalb von uns in Berührung zu sein. Dies ist die beste Art der Praxis, wenn sie als Nicht-Praxis erscheint. Man strengt sich nicht an, kämpft nicht, sondern genießt einfach das Gehen, aber das ist sehr tiefgründig. »Meine Praxis«, sagte der Buddha, »ist die Praxis der Nicht-Praxis, das Erlangen des Nicht-Erlangens.«[1]

Vielen von uns erscheint die Vorstellung einer Praxis ohne Anstrengung, die Idee eines entspannten Vergnügens der Achtsamkeit, als sehr schwierig. Der Grund dafür ist, dass wir nicht wirklich mit unseren Füßen gehen. Natürlich ge-

---

[1] Dieser Satz entstammt dem *Sutra der Zweiundvierzig Abschnitte*, dem ersten Sutra, das von Indien nach China und Vietnam gelangte.

hen wir, körperlich gesehen, mit unseren Füßen, da aber unser Geist stets anderswo ist, gehen wir nicht mit unserem ganzen Körper, unserem gesamten Bewusstsein. Wir betrachten unseren Geist und unseren Körper als zwei verschiedene Dinge. Während unser Körper in die eine Richtung geht, zieht uns unser Bewusstsein in die andere.

Für den Buddha sind Geist und Körper zwei Aspekte derselben Sache. Gehen ist so einfach wie einen Fuß vor den anderen setzen. Doch das finden wir oft schwierig oder langweilig. Wir fahren lieber ein paar Meter, um »Zeit zu sparen«, statt zu gehen. Wenn wir aber die Verbundenheit von Körper und Geist verstehen und erfahren, kann das Gehen wie ein Buddha zu einem ausgesprochen angenehmen Vergnügen für uns werden.

Gehen wie ein Buddha

Sie können einen Schritt machen und die Erde dabei in einer Weise berühren, dass Sie sich selbst im gegenwärtigen Moment verankern und im Hier und Jetzt ankommen. Sie brauchen sich dazu nicht anzustrengen. Ihr Fuß berührt achtsam die Erde und Sie erreichen sicher das Hier und Jetzt. Und plötzlich sind Sie frei – frei von allen Vorhaben, allen Sorgen, allen Erwartungen. Sie sind vollständig präsent, völlig lebendig, und Sie berühren die Erde.

Wenn Sie alleine für sich langsame Gehmeditation praktizieren wollen, können Sie Folgendes versuchen: Sie atmen ein und machen einen Schritt, während sich Ihre gesamte Aufmerksamkeit auf die Fußsohle richtet. Wenn Sie noch nicht vollständig, zu hundert Prozent, im Hier und Jetzt angekommen sind, machen Sie noch nicht den nächsten Schritt. Sie können sich diesen Luxus leisten. Sind Sie dann sicher, dass Sie hundertprozentig im Hier und Jetzt angekommen sind und die Wirklichkeit tief berühren, so lächeln Sie und machen den nächsten Schritt. Gehen Sie in dieser Weise, drücken Sie Ihre Stabilität, Festigkeit, Ihre Freiheit und Freude in den Boden ein. Ihr Fuß ist wie ein Siegel, das Siegel eines Herrschers. Drücken Sie das Siegel auf ein Stück Papier, hinterlässt es einen Eindruck. Was sehen wir, wenn wir unseren Fußabdruck betrachten? Wir sehen den Abdruck der Freiheit, den Abdruck der Festigkeit, den Abdruck des Glücks, den Abdruck des Lebens. Ich bin sicher, dass Sie einen solchen Schritt machen können, denn es gibt einen Buddha in Ihnen. Er wird Buddhanatur genannt und bezeichnet die Fähigkeit, wahrzunehmen, was geschieht. Was geschieht, ist: Ich bin lebendig, ich mache einen Schritt. Eine Person, ein menschliches Wesen, Homo sapiens, sollte dazu in der Lage sein. Da ist ein Buddha in jedem und jeder von uns, und wir sollten diesem Buddha ermöglichen zu gehen.

Selbst in den schwierigsten Situationen können Sie wie ein Buddha gehen. Im März letzten Jahres reisten wir durch Korea, und einmal waren wir dort von Hunderten von Menschen umgeben. Jeder hatte eine Kamera, und der Kreis um uns wurde immer enger. Es gab keinen Platz zu gehen, und Hunderte von Kameras zielten auf uns. Es war eine sehr schwierige Situation, um Gehmeditation zu üben. Ich sagte:

»Lieber Buddha, ich gebe auf, geh du für mich.« Und sofort kam der Buddha und ging, in vollkommenem Frieden. Und die Menge machte Platz für den gehenden Buddha; es war kein Aufwand erforderlich gewesen, das zu bewerkstelligen.

Wenn Sie in Schwierigkeiten sind, gehen Sie zur Seite und lassen Sie den Buddha Ihren Platz einnehmen. Der Buddha *ist* in Ihnen. Das funktioniert in allen Situationen. Ich habe es ausprobiert. Es ist wie bei einem Computerproblem. Sie können keine Lösung finden. Doch dann kommt Ihr großer Bruder vorbei, der sich mit Computern gut auskennt, und sagt: »Rück ein Stück zur Seite, ich übernehme das jetzt.« Und kaum sitzt er da, ist alles in Ordnung. So ist das. Wenn Sie es schwierig finden, ziehen Sie sich zurück, und lassen Sie den Buddha Ihren Platz einnehmen. Es ist sehr einfach. Und für mich funktioniert es immer. Sie müssen Vertrauen in Ihren inneren Buddha haben und zulassen, dass er geht, und Sie müssen auch den Menschen, die Ihnen kostbar sind, ermöglichen zu gehen.

Wenn Sie gehen, für wen gehen Sie dann? Sie können gehen, um irgendwo anzukommen, und Sie können gehen als eine Art meditativer Opfergabe. Es ist sehr schön, für die eigenen Eltern oder Großeltern zu gehen, die vielleicht die Praxis des achtsamen Gehens niemals kennengelernt haben. Ihre Vorfahren mögen in ihrem gesamten Leben keine Chance zu friedvollen, glücklichen Schritten gehabt haben und sich nie vollständig im gegenwärtigen Moment haben verankern können. Das ist sehr bedauerlich, aber wir müssen diese Situation ja nicht wiederholen.

Es ist für Sie möglich, mit den Füßen Ihrer Mutter zu gehen. Arme Mutter, sie hatte nicht viele Gelegenheiten, auf diese Weise zu gehen. Sie können sagen: »Mutter, magst du mit mir gehen?« Und dann gehen Sie mit ihr, und Ihr Herz wird voller Liebe sein. Sie befreien sich, und Sie befreien Ihre Mutter zur selben Zeit, denn sie ist in Ihnen, in jeder Zelle Ihres Körpers. Auch Ihr Vater ist in jeder Zelle Ihres Körpers präsent. Sie können sagen: »Vater, möchtest du mich begleiten?« Dann gehen Sie plötzlich mit den Füßen Ihres Vaters. Es ist eine Freude. Es ist sehr lohnend. Und ich versichere Ihnen, dass es nicht schwierig ist. Sie müssen nicht kämpfen und sich abmühen, um es zu tun. Werden Sie einfach aufmerksam, und es wird funktionieren.

Nachdem Sie fähig geworden sind, für die Menschen zu gehen, die Ihnen kostbar und teuer sind, können Sie auch für die Menschen gehen, die Ihnen das Leben schwer gemacht haben. Sie können für die gehen, die Sie angegriffen haben, die Ihr Zuhause zerstört haben, Ihr Land und Ihr Volk. Diese Menschen waren nicht glücklich. Sie hatten nicht genügend Liebe für sich und andere Menschen. Sie haben Ihnen das Leben schwer gemacht und das Ihrer Familie und Ihres Volkes. Und es wird eine Zeit geben, da Sie imstande sein werden, auch für diese Menschen zu gehen. Gehen Sie in dieser Weise, so werden Sie ein Buddha, Sie werden ein Bodhisattva, erfüllt von Liebe, Verstehen und Mitgefühl.

Wie der Geist funktioniert

Bevor wir für unsere Vorfahren gehen können, bevor wir für die gehen können, die uns verletzt haben, müssen wir lernen, für uns selbst zu gehen. Um das zu tun, müssen wir unseren Geist verstehen und die Verbindung zwischen unseren Füßen und unserem Kopf. Der vietnamesische Zen-Meister Thuong Chieu sagte: »Wenn wir verstehen, wie unser Geist funktioniert, dann wird unsere Praxis einfach.« Mit anderen Worten: Können wir mit unserem Bewusstsein achtsam gehen, dann werden unsere Füße ganz natürlich folgen.

Der Buddha lehrte, dass das Bewusstsein sich immer fortsetzt, es eine Kontinuität hat wie ein Strom von Wasser. Es gibt vier Arten oder Formen des Bewusstseins: Geistbewusstsein, Sinnesbewusstsein, Speicherbewusstsein und *manas*-Bewusstsein. Manchmal werden diese vier Bewusstseinsarten auch als acht Formen des Bewusstseins bezeichnet, da das Sinnesbewusstsein in fünf unterteilt wird (Seh-, Hör-, Riech-, Schmeck-, Tastbewusstsein). Gehen wir achtsam, so wirken alle vier Bewusstseinsarten.

Geistbewusstsein ist die erste Form des Bewusstseins. Es verbraucht fast all unsere Energie. Das Geistbewusstsein ist unser »arbeitendes« Bewusstsein, das Urteile fällt und Pläne schmiedet, es ist der Teil unseres Bewusstseins, der sich sorgt und der analysiert. Sprechen wir von Geistbewusstsein, so sprechen wir auch über Körperbewusstsein, denn Geistbewusstsein ist ohne Gehirn nicht möglich. Körper und Geist sind einfach zwei Aspekte derselben Sache. Ohne Bewusstsein ist der Körper kein wirklicher, lebendiger Körper. Und Bewusstsein kann sich ohne Körper nicht manifestieren.

Es ist uns durch Übung möglich, die falsche Unterscheidung zwischen Bewusstsein und Gehirn fallen zu lassen. Wir sollten nicht sagen, das Bewusstsein sei aus dem Gehirn entstanden, denn das Gegenteil ist wahr: Das Gehirn ist aus dem Bewusstsein entstanden. Das Gehirn macht nur zwei Prozent des Körpergewichts aus, aber es verbraucht zwanzig Prozent der Körperenergie. Das Geistbewusstsein zu nutzen ist also sehr aufwändig und teuer. Denken, sich sorgen, analysieren kosten eine Menge Energie.

Wir können ökonomischer mit der Energie umgehen, wenn wir unser Geistbewusstsein in der Gewohnheit der Achtsamkeit trainieren. Achtsamkeit hält uns im gegenwärtigen Moment, ermöglicht unserem Geistbewusstsein, sich zu entspannen und die Energie des Sorgens um die Vergangenheit oder des Planens von Zukünftigem loszulassen.

Die zweite Bewusstseinsebene ist das Sinnesbewusstsein, das Bewusstsein, das von unseren fünf Sinnen herrührt: Sehen, Hören, Riechen, Schmecken und Berühren. Wenn wir gehen, nutzen wir auch diese Art des Bewusstseins. Wir sehen, was vor uns ist, schmecken und riechen die Erde, wir hören Geräusche, und unsere Füße berühren den Boden. Manchmal werden die Sinne »Tore« oder »Türen« genannt, denn alle Objekte der Wahrnehmung gelangen durch den Sinneskontakt mit ihnen ins Bewusstsein. Das Sinnesbewusstsein beinhaltet stets drei Elemente: erstens das Sinnesorgan (Augen, Ohren Nase, Zunge, Körper); zweitens das Sinnesobjekt (das Objekt, das wir riechen, das Geräusch, das wir hören) und drittens unsere Erfahrung des Sehens, Hörens, Riechens, Schmeckens oder Berührens.

Die dritte Bewusstseinsschicht, das Speicherbewusstsein, ist die tiefste. Es gibt viele Namen für diese Form des Bewusstseins. Im Mahayana-Buddhismus wird es Speicherbewusstsein genannt, in Sanskrit *alaya*. Die Theravada-Tradition verwendet den Pali-Begriff *bhavanga*, um dieses Bewusstsein zu beschreiben. *Bhavanga* bedeutet fortwährendes Fließen, wie ein Fluss. Das Speicherbewusstsein wird manchmal auch Wurzelbewusstsein genannt (in Sanskrit *mulavijnana*) oder *sarvabijaka*, was »die Gesamtheit aller Samen« bedeutet. Im Vietnamesischen nennen wir das Speicherbewusstsein *tang*. *Tang* bedeutet »zu halten und zu bewahren«.

Diese verschiedenen Namen verweisen auf die drei Aspekte des Speicherbewusstseins. Der erste Aspekt bezeichnet den Ort, einen »Speicher«, in dem alle Samen und Informationen aufbewahrt werden. Ein Senfsamen ist sehr klein; doch wenn er die Gelegenheit hat, zu keimen, wird die äußere Hülle brechen und das, was im Inneren noch ganz klein ist, wird ganz groß werden – eine mächtige Senfpflanze. In den Evangelien wird davon gesprochen, dass ein Senfkorn zu einem großen Baum werden kann, der vielen Vögeln Zuflucht bietet.[2] Der Senfsamen ist Symbol für die Inhalte des Speicher-

2 Mt 13,31;MK 4,31; LK 13,19.

bewusstseins. Alles, was wir sehen oder berühren, hat einen Samen, der tief im Speicherbewusstsein liegt.

Der zweite Aspekt wird gut durch den vietnamesischen Begriff *tang* ausgedrückt. Das Speicherbewusstsein nimmt nicht nur alle Informationen auf, es hält und bewahrt sie. Auf den dritten Aspekt, den der Bearbeitung und Transformation, weist der Pali-Begriff *bhavanga* hin.

Das Speicherbewusstsein ist wie ein Museum. Ein Museum kann man nur als ein solches bezeichnen, wenn es Dinge enthält. Wenn nichts darin ist, kann man es ein Gebäude nennen, aber kein Museum. Der Konservator ist verantwortlich für das Museum. Seine Aufgabe ist es, die verschiedenen Objekte zu erhalten und auch dafür zu sorgen, dass sie nicht gestohlen werden. Aber es müssen auf jeden Fall Objekte da sein, die aufbewahrt werden können. Das Speicherbewusstsein bezieht sich auf das Aufbewahren und auf das, was bewahrt wird – und das sind alle Informationen aus der Vergangenheit, von unseren Vorfahren, und alle Informationen, die wir von anderen Bewusstseinen empfangen. Der buddhistischen Tradition zufolge werden die Informationen als *bija*, Samen, aufbewahrt.

Angenommen, Sie haben heute Morgen ein Lied zum allerersten Mal gehört. Ihr Ohr und diese Musik trafen aufeinander und riefen die Manifestation eines geistigen Gebildes hervor, genannt Berührung, die das Speicherbewusstsein zum Vibrieren brachte. Diese Information, ein neuer Samen, fällt in das Speicherkontinuum. Das Speicherbewusstsein hat die Fähigkeit, den Samen zu empfangen und ihn zu lagern. Es bewahrt alle Informationen, die es empfängt. Doch seine

Funktion erschöpft sich darin nicht, seine Aufgabe ist es auch, diese Informationen zu verarbeiten.

Die Verarbeitung ist auf dieser Ebene nicht allzu aufwändig. Das Speicherbewusstsein verbraucht dabei nicht so viel Energie wie das Geistbewusstsein zum Beispiel. Es kann diese Informationen ohne großen Aufwand von Ihrer Seite verarbeiten. Wenn Sie also Energie sparen wollen, dann denken Sie nicht so viel, planen Sie nicht so viel, und sorgen Sie sich nicht so viel. Lassen Sie Ihr Speicherbewusstsein die meiste Arbeit tun.

Das Speicherbewusstsein wirkt in Abwesenheit des Geistbewusstseins. Es kann eine Menge Dinge tun. Es kann vieles planen, viele Entscheidungen treffen, ohne dass Sie etwas davon wissen. Wenn wir in ein Geschäft gehen und nach einem Hut oder einem Hemd suchen, haben wir den Eindruck, während wir die Waren betrachten, wir hätten einen freien Willen, und, vorausgesetzt, wir verfügen über die finanziellen Mittel, wir könnten frei wählen, was wir wollen. Fragt uns die Verkäuferin, was uns gefällt, können wir auf ein Objekt unseres Verlangens deuten. Und wir haben das Gefühl, dass wir in diesem Moment ein freier Mensch sind, der sein Geistbewusstsein benutzt, um Dinge auszuwählen, die ihm gefallen. Doch das ist eine Illusion. Alles wurde bereits in unserem Speicherbewusstsein entschieden. In diesem Moment sind wir gefangen; wir sind keine freien Menschen. Unser Schönheitssinn, unser Mögen und Nichtmögen haben bereits sehr sicher und sehr diskret auf der Ebene des Speicherbewusstseins entschieden.

Es ist eine Illusion, dass wir frei seien. Der Grad an Freiheit unseres Geistbewusstseins ist sehr klein. Das Speicherbewusstsein diktiert viele Dinge, die wir tun, denn fortwährend empfängt, umfasst, enthält und verarbeitet das Speicherbewusstsein, und es trifft viele Entscheidungen ohne jede Beteiligung des Geistbewusstseins. Doch wenn wir wissen wie, können wir unser Speicherbewusstsein beeinflussen; wir können beeinflussen, wie unser Speicherbewusstsein die Informationen speichert und verarbeitet, sodass es bessere Entscheidungen treffen kann. Wir können es beeinflussen.

Genau wie das Geist- und das Sinnesbewusstsein, so nimmt das Speicherbewusstsein auf. Wenn Sie mit einer Gruppe Menschen zusammen sind, so nehmen Sie deren Arten und Weisen auf, deren Speicherbewusstsein. Unser Bewusstsein wird von anderen Bewusstseinen gefüttert. Die Art, wie wir Entscheidungen treffen, unsere Vorlieben und Abneigungen, hängen von der kollektiven Sicht der Dinge ab. Sie finden vielleicht einen Gegenstand gar nicht so besonders schön, aber wenn viele Menschen ihn als schön erachten, dann werden Sie vermutlich allmählich auch zu dieser Einschätzung gelangen, denn das individuelle Bewusstsein entsteht aus dem kollektiven Bewusstsein.

Der Wert des Dollar oder Euro entsteht aus dem kollektiven Denken der Menschen und nicht nur aus den objektiven ökonomischen Gegebenheiten. Die Ängste der Menschen, ihre Wünsche und Erwartungen lassen den Kurs der Währung rauf- und runtergehen. Wir werden von der kollektiven Weise, Dinge zu sehen und über sie zu denken, beeinflusst. Darum ist es so wichtig, dass wir uns die Menschen, mit denen wir uns umgeben, aussuchen. Es ist sehr entscheidend,

Menschen um sich zu haben, die liebende Güte, Verstehen und Mitgefühl verkörpern, denn wir werden Tag und Nacht vom kollektiven Bewusstsein geprägt.

Das Speicherbewusstsein bietet uns Erleuchtung und Transformation. Diese Möglichkeit ist in seiner dritten Bedeutung enthalten, seiner stets fließenden Natur. Das Speicherbewusstsein ist wie ein Garten, in dessen Boden wir die Samen von Blumen, Früchten und Gemüse einpflanzen, und dann wachsen daraus Blumen, Früchte und Gemüse. Das Geistbewusstsein ist nur ein Gärtner. Ein Gärtner kann dem Boden helfen, sich um ihn kümmern, aber er muss an den Boden glauben, daran glauben, dass er uns Früchte, Blumen und Gemüse schenken wird. Als Praktizierende können wir uns nicht nur auf unser Geistbewusstsein stützen, wir müssen in gleicher Weise auf unser Speicherbewusstsein vertrauen. Entscheidungen werden dort getroffen.

Wenn Sie etwas in Ihren Computer tippen, speichern Sie diese Informationen anschließend auf Ihrer Festplatte. Sie ist wie das Speicherbewusstsein. Auch wenn die Informationen nicht mehr auf Ihrem Bildschirm erscheinen, sind sie doch da. Sie brauchen nur ein paar Tasten zu drücken, und schon manifestieren sie sich. *Bija*, die Samen im Speicherbewusstsein, sind wie die gespeicherten Daten in Ihrem Computer. Wenn Sie wollen, können Sie ihnen helfen, auf dem Bildschirm des Geistbewusstseins zu erscheinen. Das Geistbewusstsein ist wie der Bildschirm, das Speicherbewusstsein ist wie die Festplatte, denn es kann eine Menge speichern. Das Speicherbewusstsein vermag die Informationen zu speichern, zu bewahren und zu erhalten, sodass sie nicht gelöscht werden können.

Anders als die Informationen auf der Festplatte sind die Samen organischer Natur und können verändert werden. Der Samen des Hasses zum Beispiel kann geschwächt und seine Energie umgewandelt werden in die Energie des Mitgefühls. Der Samen der Liebe kann gewässert und gekräftigt werden. Die Natur der Information, die vom Speicherbewusstsein bewahrt und verarbeitet wird, ist stets fließend und verändert sich fortwährend. Liebe kann sich in Hass verwandeln, und Hass kann in Liebe zurückverwandelt werden.

Das Speicherbewusstsein ist auch ein Opfer. Es ist ein Objekt der Anhaftung; es ist nicht frei. Im Speicherbewusstsein gibt es Elemente der Unwissenheit und Ignoranz – Verblendung, Wut, Angst –, und diese Elemente schaffen eine Energie, die klammert, die besitzen will. Dies ist die vierte Ebene des Bewusstseins, *manas* genannt, was ich gern mit »Wahrnehmung« übersetze. Das *manas*-Bewusstsein hat seine Wurzel in dem Glauben an ein eigenständiges Selbst, eine Person. Das Bewusstsein, das Gefühl und der Instinkt, »Ich bin« genannt, ist sehr tief im Speicherbewusstsein verwurzelt. Es ist nicht nur eine Sichtweise, die sich im Geistbewusstsein entwickelt hat. Tief in unserem Speicherbewusstsein ist die Vorstellung vergraben, dass es da ein Selbst gebe, das von Nicht-Selbst-Elementen eigenständig und abgetrennt existiert. Die Funktion von *manas* besteht darin, am Speicherbewusstsein als einem eigenständigen Selbst zu hängen.

Eine andere Sicht auf *manas* ist, es als *adana*-Bewusstsein zu bezeichnen. *Adana* bedeutet »Aneignung«. Stellen Sie sich vor, ein Rebstock treibt eine Knospe aus, und dann wendet sich die Knospe um und umfasst und umschlingt den Stamm.

Diese tiefverwurzelte Verblendung – der Glaube, da sei ein Selbst – existiert im Speicherbewusstsein als Resultat von Unwissenheit und Angst. Sie lässt eine Energie entstehen, die sich dem Speicherbewusstsein wieder zuwendet, es umfasst und zum einzigen Objekt seiner Liebe macht.

Manas ist ständig am Werk. Es lässt das Speicherbewusstsein niemals los. Es umfasst und hält es, klammert sich an ihm fest, denn es sieht im Speicherbewusstsein das Objekt seiner Liebe. Darum ist das Speicherbewusstsein nicht frei. Wir folgen der Illusion, das Speicherbewusstsein sei »meins«, sei mein Geliebtes, das ich nicht loslassen könne. Tag und Nacht ist da eine geheime, tiefe Überzeugung am Werk, dass dies »ich« bin, dass es »mein« ist und ich alles daransetzen muss, es zu greifen, zu beschützen, es zu meinem zu machen. *Manas* ist im Speicherbewusstsein entstanden und verwurzelt. Es ersteht aus dem Speicherbewusstsein, dreht sich um und umfasst das Speicherbewusstsein als sein Objekt. »Du bist mein Geliebtes, du bist ich.« Die Funktion von *manas* ist, sich das Speicherbewusstsein als seins anzueignen.

Wie die vier Formen des Bewusstseins zusammenwirken

Nun können wir schauen, wie die vier Formen des Bewusstseins sich wechselseitig beeinflussen und zusammenwirken. Im Buddhismus wird das Speicherbewusstsein manchmal als der Ozean des Bewusstseins bezeichnet und die anderen Bewusstseinsformen werden als Wellen beschrieben, die aus der Tiefe des Ozeans aufsteigen. Es gibt auch den Wind, und dieser lässt die anderen Formen des Bewusstseins sich manifestieren.

Das Speicherbewusstsein ist die Grundlage, die Wurzel. Ausgehend von dieser Basis manifestiert sich der Geist und wirkt. Manchmal ruht er und kehrt nach Hause zum Speicherbewusstsein zurück. Speicherbewusstsein ist der Garten, das Geistbewusstsein der Gärtner. *Manas* entspringt ebenfalls dem Speicherbewusstsein, aber dann wendet es sich um und umfasst das Speicherbewusstsein als sein Eigentum, als Objekt seiner Liebe. Und dies Tag und Nacht. Darum wird es auch »der Liebhaber« genannt.

Wenn Sie sich in jemanden verlieben, dann verlieben Sie sich nicht wirklich in sie oder ihn. Sie schaffen ein Bild, was sich von der Wirklichkeit durchaus unterscheidet. Nachdem Sie mit dem oder der Geliebten einige Zeit zusammenleben, stellen Sie fest, dass das Bild, das Sie sich gemacht haben, doch recht weit von der Wirklichkeit entfernt ist. Auch wenn *manas* aus dem Speicherbewusstsein heraus entstanden ist, so ist seine Sicht auf das Speicherbewusstsein voller Illusionen und falscher Wahrnehmungen. Es kreiert ein Bild des Speichers als Objekt seiner Liebe, und dieses Bild stimmt nicht mit der Wirklichkeit überein. Wenn wir ein Foto von jemandem machen, so ist das Foto nur ein Abbild, es ist nicht die Person. Der Liebende glaubt, dass er den Speicher liebt, doch tatsächlich liebt er nur das selbstgeschaffene Bild. Das Objekt des Bewusstseins kann entweder ein Ding-an-sich sein oder ein Abbild, das wir subjektiv geschaffen haben.

Wir haben also den Gärtner, den Geist, und wir haben den Liebenden, *manas*. Doch das Geistbewusstsein kann unterbrochen werden. Wenn wir zum Beispiel traumlos schlafen, dann ist das Geistbewusstsein nicht am Werke. Liegen wir im Koma, dann hat das Geistbewusstsein sein Wirken vollständig eingestellt – es gibt kein Denken, Planen, nichts, und doch wirkt das Speicherbewusstsein weiter. Auch tiefe Gehmeditation kann ähnlich sein. Ihr Körper bewegt sich, und Ihr Speicherbewusstsein arbeitet weiter, doch Sie sind sich dessen nicht bewusst.

Das Geistbewusstsein kann unabhängig vom Sinnesbewusstsein operieren oder in Zusammenarbeit mit ihm. Angenommen, Sie besuchen eine Ausstellung. Vor einem Bild stehend ist Ihr Sehbewusstsein aktiv. Es gibt vielleicht einen allerersten Moment, in dem das Sehbewusstsein das Bild betrachtet ohne Denken, ohne Urteil. Doch wird dieser Moment, das Bild an sich zu sehen, nur sehr, sehr kurz sein, ein *kshana* lang. Dann kommt das Geistbewusstsein ins Spiel mit allerlei Wertungen und Urteilen. Das ist die Kooperation zwischen Geist- und Sehbewusstsein. Arbeitet unser Geist- mit dem Sinnesbewusstsein zusammen, so nennen wir es angegliedertes, assoziiertes Bewusstsein. Wenn Sie in tiefem Nachdenken versunken sind, dann sehen Sie nicht, Sie hören nicht, und Sie berühren auch nicht. An diesem tiefen Ort des Nachdenkens wirkt nur das Geistbewusstsein. In der Meditation verwenden wir üblicherweise dieses unabhängige Geistbewusstsein. Wir schließen unsere Augen und Ohren, wir wollen durch nichts gestört werden. Die Konzentration erfolgt nur durch das Geistbewusstsein.

Es gibt auch Zeiten, in denen das Sinnesbewusstsein mit dem Speicherbewusstsein zusammenarbeitet, ohne dass uns dies bewusst wird. Das geschieht sehr oft. Beim Autofahren zum Beispiel sind Sie in der Lage, viele Unfälle zu vermeiden, auch wenn Ihr Geistbewusstsein an ganz andere Dinge denkt. Sie denken vielleicht überhaupt nicht ans Fahren. Und doch werden Sie meistens keinen Unfall verursachen. Wenn Sie gehen, werden Sie kaum stolpern (oder nur gelegentlich). Denn die Eindrücke und Bilder, die das Sehbewusstsein verfügbar macht, werden vom Speicherbewusstsein empfangen, und dort werden die Entscheidungen getroffen, ohne dass sie auf der Ebene des Geistbewusstseins bewusst werden. Wenn Ihnen jemand etwas ganz plötzlich nah vor die Augen hält – er Sie zum Beispiel schlagen will oder etwas auf Sie fällt – dann reagieren Sie ganz schnell. Diese schnelle Reaktion, diese Entscheidung, erfolgt nicht von Ihrem Geistbewusstsein aus. Müssen Sie schnell ausweichen, ist es nicht Ihr Geistbewusstsein, das dies auslöst. Wir denken nicht: »Oh, da ist ein großer Stein, da muss ich jetzt drübersteigen.« Wir tun es einfach. Der Instinkt zur Selbstverteidigung kommt aus dem Speicherbewusstsein.

Ich hatte einmal einen Traum, der dies illustriert. In Asien, in alten Zeiten, mussten wir unseren Reis aus rohem Reis zubereiten. Wir mussten die Schalen von den Reiskörnern entfernen, bevor wir den Reis kochen und essen konnten. Im Tempel hatten wir ein Werkzeug, mit dem wir das taten. Dabei ergab sich beim Entfernen der Schalen ein spezieller, rhythmischer Klang. Eines Tages machte ich ein Mittagsschläfchen. Mittags ist es in Asien sehr heiß, und man legt sich dann gern für eine halbe Stunde hin, bevor man wieder mit der Arbeit beginnt. Während ich ruhte, hörte ich das Geräusch des Werkzeugs. Doch tatsächlich stammte es von einem meiner Schüler, der Tusche rieb. Um mit einem Pinsel schreiben zu können, muss man etwas Wasser in ein Behältnis geben und den festen Tuscheblock darin reiben. Das Geräusch drang durch das Hörbewusstsein in mein Speicherbewusstsein und von da aus in mein Geistbewusstsein. In meinem Traum sah ich dann jemanden, der Reis schälte. Doch in Wirklichkeit war es kein Reisschälen, sondern die Herstellung der Tusche, die das Geräusch verursacht hatte. Ein Eindruck entsteht also auf zwei Wegen: auf dem Weg des Geistbewusstseins und dem Weg des Speicherbewusstseins. Und alles, was durch die fünf Formen des Sinnesbewusstseins zu uns dringt, kann vom Speicherbewusstsein gespeichert, analysiert und weiterverarbeitet werden. Eindrücke müssen also nicht immer durch das Geistbewusstsein gehen, sondern können direkt von den fünf Formen des Sinnesbewusstseins ins Speicherbewusstsein gelangen.

Wenn wir nachts in einem kalten Raum schlafen, und das Geistbewusstsein ist nicht am Werk, und wir träumen vielleicht noch nicht einmal, dringt ein Gefühl der Kälte auf der Ebene des Sinnesbewusstseins in unseren Körper ein. Dies verursacht ein Vibrieren auf der Ebene des Speicherbewusstseins, und der Körper zieht sich die Bettdecke fester über.

Ob wir Auto fahren, an einer Maschine arbeiten oder andere Tätigkeiten verrichten – wir lassen unser Sinnesbewusstsein mit dem Speicherbewusstsein zusammenarbeiten, und das ermöglicht uns, viele Dinge ohne Intervention des Geistbewusstseins zu tun. Wenn wir unser Geistbewusstsein in das, was wir tun, einbringen, dann werden wir uns plötzlich der entstehenden geistigen Gebilde bewusst.

Das Wort »Gebilde« oder »Formation« (*samskara* in Sanskrit) bezeichnet etwas, das sich manifestiert, wenn viele Bedingungen zusammengekommen sind. Betrachten wir eine Blume, können wir viele der Elemente erkennen, die zusammengekommen sind, damit sich die Blume in dieser Form manifestieren konnte. Wir wissen, dass es ohne Regen kein Wasser gibt und sich die Blume ohne Wasser nicht manifestieren könnte. Und wir sehen, dass auch der Sonnenschein da ist. Die Erde, der Kompost, der Gärtner, Zeit, Raum und viele weitere Elemente sind zusammengekommen, um dieser Blume zu helfen, sich zu manifestieren. Die Blume hat keine eigenständige, abgetrennte Existenz. Sie ist ein Gebilde. Die Sonne, der Mond, der Berg und der Fluss – sie alle sind Gebilde. Wenn wir das Wort »Gebilde« benutzen, soll uns das daran erinnern, dass es in den Dingen keinen abgetrennten Existenzkern gibt, sondern nur das Zusammenkommen sehr vieler Elemente, damit sich etwas manifestieren kann.

Als buddhistisch Praktizierende können wir uns darin üben, alles als Gebilde anzusehen. Wir wissen, dass sich Gebilde fortwährend wandeln. Unbeständigkeit ist eines der Kennzeichen der Wirklichkeit, denn alles verändert sich fortwährend.

Geistige Gebilde

Gebilde, die im Bewusstsein existieren, heißen geistige Gebilde oder Geistesformationen. Bei einem Kontakt zwischen einem Sinnesorgan (Augen, Ohren, Nase, Mund, Körper) und einem Objekt entsteht Sinnesbewusstsein. In dem Augenblick, in dem Ihre Augen ein Objekt sehen oder in dem Sie den Wind auf Ihrer Haut spüren, in dem Augenblick manifestiert sich das erste geistige Gebilde: Kontakt. Kontakt verursacht eine Vibration auf der Ebene des Speicherbewusstseins.

Ist der Eindruck schwach, hört die Vibration auf, und das gegenwärtige Speicherbewusstsein kehrt wieder zur Ruhe zurück; Sie schlafen weiter, oder Sie setzen Ihre Aktivitäten fort, denn der Eindruck, der durch die Berührung hervorgerufen wurde, war nicht stark genug, um die Aufmerksamkeit des Geistbewusstseins auf sich zu ziehen. Es ist wie bei einem Insekt, das auf einer Wasseroberfläche landet, die sich daraufhin leicht kräuselt. Nachdem es weggeflogen ist, wird das Wasser wieder ganz ruhig. Obwohl sich also das geistige Gebilde manifestiert, obwohl das augenblickliche Lebenskontinuum vibriert, erwächst daraus kein Gewahrsein dessen im Geistbewusstsein, da der Eindruck zu schwach war.

In der buddhistischen Psychologie spricht man manchmal von neunundvierzig oder fünfzig geistigen Gebilden. In meiner Tradition spricht man von einundfünfzig. Die einundfünfzig geistigen Gebilde werden auch geistige Begleiter genannt. Sie sind der Inhalt des Bewusstseins, so wie Wassertropfen der Inhalt des Flusses sind. So ist zum Beispiel Wut oder Zorn ein geistiges Gebilde. Das Geistbewusstsein kann so operieren, dass sich die Wut im Geistbewusstsein manifestiert. In diesem Augenblick ist das Geistbewusstsein voller Wut, und wir haben vielleicht das Gefühl, es sei nichts anderes als Wut. Doch tatsächlich ist das Geistbewusstsein nicht nur Wut und Zorn, denn später steigt Mitgefühl in uns auf, und das Geistbewusstsein wird Mitgefühl. Das Geistbewusstsein ist zu unterschiedlichen Zeiten alle einundfünfzig geistigen Gebilde, seien sie positiv, negativ oder neutral.

Ohne geistige Gebilde gäbe es kein Bewusstsein. Es ist wie bei einem Vogelschwarm. Der Schwarm hält die Vögel zusammen, und sie fliegen wunderschön in den Lüften. Sie brauchen niemanden, der sie zusammenhält und dafür sorgt, dass sie in einer Formation fliegen. Sie brauchen kein Selbst, um eine Formation, einen Schwarm, zu schaffen. Die Vögel tun es einfach. In einem Bienenstock brauchen Sie niemanden, der der einen Biene befiehlt, nach links zu fliegen, und der anderen nach rechts; sie kommunizieren untereinander und sind ein Bienenstock. Jede Biene in diesem Bienenstaat mag eine andere Verantwortung innehaben, doch keine Biene beansprucht, die Chefin der anderen zu sein, noch nicht einmal die Königin. Die Königin ist nicht die Chefin. Ihre Aufgabe besteht einfach darin, Eier zu legen. Wenn Sie eine gute Gemeinschaft, eine gute Sangha, haben, dann ist sie einem Bienenstock vergleichbar, bei dem alle Teile das Ganze bilden, ohne Führer, ohne Chefin.

Wenn wir sagen, es regnet, meinen wir damit, dass Regnen geschieht. Es bedarf niemandes, der über allem stehend den Regen vollbringt. Es ist nicht so, dass es da Regen gäbe und dann jemanden, der den Regen veranlasst herabzufallen. Es ist tatsächlich sehr komisch zu sagen, der Regen fällt, denn würde er nicht fallen, wäre es kein Regen. Wir sind es in unserer Sprache gewohnt, ein Subjekt und ein Verb zu haben. Darum brauchen wir das Wort »es«, wenn wir sagen, »es regnet«. »Es« ist das Subjekt, dasjenige, was den Regen möglich macht. Doch schauen wir genau, erkennen wir, dass wir keinen »Regenmacher« brauchen, wir brauchen nur Regen. Regnen und Regen sind dasselbe. Der Vogelschwarm und die Vögel sind dasselbe – da ist kein Selbst, kein Chef involviert.

Es gibt ein geistiges Gebilde, das *vitarka*, »Einsetzen des Denkens«, genannt wird. Wenn wir im Deutschen das Wort »denken« verwenden, brauchen wir ein Subjekt des Verbes: Ich denke, du denkst, er denkt. In Wirklichkeit braucht man für das Entstehen eines Gedankens keinen Denker. Denken ohne Denker – ist absolut möglich. Denken bedeutet etwas denken. Wahrnehmen bedeutet etwas wahrnehmen. Die Wahrnehmende und das Objekt der Wahrnehmung sind eins.

Descartes sagte: »Ich denke, also bin ich«, und es ging ihm darum, dass es, wenn »ich« denke, ein »Ich« geben muss, das Denken ermöglicht. Als er erklärte: »Ich denke«, glaubte er, damit beweisen zu können, dass das »Ich« existiert. Wir haben die starke Gewohnheit, an ein Ich oder Selbst zu glauben. Doch wenn wir tief schauen, können wir sehen, dass ein Gedanke keinen Denker braucht, um möglich zu sein. Es gibt keine Denkerin hinter dem Denken – da ist nur Denken; das ist genug.

Wäre Herr Descartes hier, könnten wir ihm sagen: »Herr Descartes, Sie sagen: ›Ich denke, also bin ich.‹ Doch was sind

Sie? Sie sind Ihr Denken. Denken – das ist genug. Denken manifestiert sich, ohne dass es eines Ichs dahinter bedürfte.«

Denken ohne eine Denkende. Fühlen ohne einen Fühlenden. Was ist unsere Wut ohne ein Ich oder ein »Selbst«? Das ist das Objekt unserer Meditation. Alle einundfünfzig geistigen Gebilde geschehen und manifestieren sich, ohne dass ein Ich dahinterstünde, um ihr jeweiliges Auftauchen zu bewerkstelligen. Unser Geistbewusstsein gründet sich gewohntermaßen auf der Idee eines Ichs, eines Selbst, auf *manas*. Doch wir können in unserer Meditation des Speicherbewusstseins mehr gewahr werden, in dem wir alle Samen der geistigen Gebilde aufbewahren, die sich gerade nicht in unserem Geist manifestieren.

Wenn wir meditieren, praktizieren wir tiefes Schauen, um mehr Licht und Klarheit in unsere Sicht der Dinge zu bringen. Erlangen wir die Sicht des Nicht-Ichs, fallen alle Täuschungen fort. Das nennen wir Transformation. In der buddhistischen Tradition wird Transformation durch tiefes Verstehen möglich. In dem Augenblick, in dem die Sicht des Nicht-Ichs gegenwärtig ist, löst sich *manas*, die flüchtige Vorstellung von »ich bin« auf, und wir erfreuen uns, in genau diesem Augenblick, an Freiheit und Glück.

Ihren Geist finden

Wenn wir uns gestresst fühlen oder sehr beschäftigt sind, dann sagen wir oft, dass wir den Verstand verlieren oder nicht wissen, wo uns der Kopf steht. Doch wo war er, bevor wir ihn auf diese Weise verloren haben, und wo ging er hin? Im *Surangama Sutra*, einem populären buddhistischen Text in Vietnam und China, diskutieren der Buddha und sein Schüler Ananda, wie und wo der Geist zu lokalisieren wäre. Ist er im Körper, außerhalb des Körpers oder zwischen dem Körper und der äußeren Welt. Das Sutra lehrt uns, dass der Geist letztendlich nicht-lokal ist. Mit anderen Worten, wir können nicht sagen, dass er innerhalb des Körpers, außerhalb des Körpers oder dazwischen sei. Er hat keinen festen Ort.

Doch nicht nur der Geist ist nicht lokalisierbar, nichts ist es. Heute Morgen habe ich ein zartes grünes Blatt vom Boden aufgehoben. Ist das Blatt in meinem Geist, oder ist es außerhalb davon? Was für eine Frage! Es ist eine einfache Frage, doch schwer zu beantworten. Die Begriffe »innerhalb« und »außerhalb« lassen sich nicht auf die Wirklichkeit anwenden.

Wir neigen dazu, uns unseren Geist als »hier drinnen« vorzustellen und die Welt als »da draußen« zu sehen. Den Geist als subjektiv und die Welt, den Körper, als objektiv. Der

Buddha lehrte, dass Geist und Körper nicht eigenständig existieren, sie sind wechselseitig miteinander verbunden und durchdringen einander. Ohne das eine kann das andere nicht sein. Es gibt keinen oder keine Wahrnehmenden ohne das Wahrgenommene. Objekt und Subjekt manifestieren sich zusammen. Wenn wir üblicherweise an Geist denken, so denken wir an Geistbewusstsein. Doch ist der Geist nicht nur Geistbewusstsein. Er ist auch *Manas*. Er ist auch Speicherbewusstsein.

Wir können uns darin üben, unseren Körper als einen Fluss zu sehen und unseren Geist als Teil dieses Flusses, der fortwährend fließt, sich fortwährend verändert. Der buddhistischen Psychologie zufolge besteht das größte Hindernis für uns, die Wirklichkeit klar zu sehen, in unserer Neigung, uns in der Vorstellung zu verfangen, das Subjekt sei etwas anderes als das Objekt und das Objekt existiere unabhängig vom Subjekt. Diese Sichtweise ist uns zur Gewohnheit geworden, ein Muster, das unser Denken und Verhalten zutiefst prägt und beeinflusst.

Als junger Novize lernte ich, dass das Bewusstsein aus drei Teilen besteht. Der erste und zweite Teil sind: *darshana*, der/die Wahrnehmende, und *nimita*, das Wahrgenommene – also Subjekt und Objekt. Das Subjekt und das Objekt stützen einander, um sich zu manifestieren. Wenn Sie glauben, dass das Subjekt ohne das Objekt sein könnte, so ist das ein großer Irrtum. Wir neigen zu der Annahme, dass das Subjekt der Wahrnehmung, unser Geist, eigenständig und unabhängig vom Objekt der Wahrnehmung oder dem Objekt der Erfahrung existiert. Und wir glauben, dass das Wahrnehmungsobjekt, was für uns da draußen ist, unabhängig vom Subjekt der Wahrnehmung existiert.

Im Buddhismus gibt es den Begriff *namarupa. Namarupa* ist das Äquivalent zu Psychosoma. Wirklichkeit manifestiert sich zweifach: als Psyche und Soma, geistig und körperlich/biologisch. Und das eine kann nicht ohne das andere sein. Gehirn und Geist sind zwei Aspekte der Manifestation ein und derselben Sache. Wir müssen uns also darin üben, das Gehirn als Bewusstsein zu sehen und nicht das Bewusstsein als etwas vom Gehirn vollkommen Getrenntes und Verschiedenes zu verstehen.

Ermöglichen Sie einer Flamme, sich zu manifestieren, so stellen Sie sich vielleicht vor, dass die Flamme etwas vollkommen anderes sei als das Streichholz. Aber Sie wissen, dass die Flamme immanent ist, dass sie im Brennmaterial des Streichholzkopfes verborgen ist, verborgen im Sauerstoff der Luft; die Flamme hat keinen realen Ort. Wenn die Bedingungen zusammenkommen, manifestiert sich die Flamme. Die Natur des Bewusstseins ist ebenfalls nicht-lokal. Wir wissen, das Bewusstsein ist stets das Bewusstsein von etwas. Objekt und Subjekt sind immer zusammen. Schauen wir in den einen Teil, sehen wir den anderen Teil. Schauen wir in den anderen Teil, sehen wir diesen Teil. Das ist die Natur des Interseins, des wechselseitig miteinander Verbundenseins. Das eine ist innerhalb des anderen.

Doppelte Manifestation

Manifestation ist immer eine doppelte: das Subjekt und das Objekt – das Subjekt, der/die Wahrnehmende, und das Objekt, das Wahrgenommene. *Vijnapti* Manifestation, ist eine doppelte Manifestation. Jede Manifestation hat ihr Subjekt und ihr Objekt. Im Chinesischen besteht das Zeichen für Bewusstsein aus zwei Teilen, der eine bezieht sich auf das Wahrnehmungssubjekt, der andere auf das Wahrnehmungsobjekt. Doch schauen wir mehr in die Tiefe, dann sehen wir einen dritten Teil, der die Basis der ersten beiden Teile bildet. Betrachten Sie eine Münze. Sie haben Kopf und Zahl. Der Kopf ist die eine, die Zahl die andere Seite, und sie können nicht voneinander getrennt werden. Zu erkennen, dass es zwei Seiten einer Münze gibt, ist einfach. Doch schauen Sie tiefer, dann sehen Sie, dass es da einen Stoff gibt, welcher die Manifestation der zwei Seiten möglich macht, und dieser ist das Metall. In Sanskrit wird diese Substanz *svabhava* genannt. Jeder Samen in unserem Bewusstsein: der Samen der Freude, der Samen der Sorge, der Samen der Angst, der Samen der Wut, der Samen der Achtsamkeit, der Samen der Konzentration – jeder Samen trägt stets diese drei Teile in sich.

Wenn ich einen Berg betrachte, glaube ich vielleicht, dass dieser ein Objekt sei, das unabhängig vom Bewusstsein existiert, doch das ist ein grundlegender Irrtum. Betrachten Sie eine Wolke als etwas Objektives, als eine äußere Realität, die nichts mit Ihrem Bewusstsein zu tun hat, dann ist das der grundlegende Irrtum. Die Wolke und der Berg sind lediglich Objekte meines Sehbewusstseins. Und mein Bewusstsein,

Subjekt und Objekt umfassend, beruht auf einer Grundlage, damit Manifestation möglich ist. Und diese ist der dritte Teil, die Substanz.

Die Welle und das Wasser

Ein im Buddhismus häufig verwendetes Beispiel ist das von Welle und Wasser. Die Welle entstammt dem Meer, und wenn Sie die Erscheinung der Welle beobachten, dann sehen Sie, dass es da einen Anfang und ein Ende gibt. Sie sehen das Anwachsen und Zurückgehen der Welle, die Präsenz und Nicht-Präsenz der Welle. Bevor die Welle ansteigt, scheint es sie nicht zu geben, und nachdem sie zurückgegangen ist, sehen wir sie auch nicht mehr. Wir unterscheiden zwischen der einen Welle und der anderen. Eine Welle mag schöner, höher oder niedriger als eine andere Welle sein. Auf die Erscheinungswelt bezogen haben wir alle möglichen Konzepte: Anfang, Ende, hoch, niedrig, schön, weniger schön – und das schafft viel Leid. Doch gleichzeitig wissen wir, dass eine Welle auch Wasser ist. Es ist einer Welle möglich, ihr Leben als Welle und als Wasser zur selben Zeit zu leben. Als Welle gehört sie der Erscheinungswelt an, sie hat einen Anfang und ein Ende, steigt an, geht zurück. Sie unterscheidet sich von anderen Wellen. Doch wenn sie ihre Natur tief berührt, dann erkennt sie, dass sie Wasser ist. Sie ist nicht nur eine Welle, sie ist auch Wasser. In dem Augenblick, in dem sie realisiert, dass sie Wasser ist, hört ihr Leid auf. Sie hat keine Angst mehr, anzusteigen und zurückzugehen. Sie sorgt sich nicht mehr darum, ob sie da ist oder nicht da ist. Das Wasser repräsentiert die Welt von Nicht-Geburt, Nicht-Tod, von Wederkommen-noch-Gehen.

Wenn Sie etwas tiefer schauen, dann erkennen Sie, dass das, was wir zusammen tun, zueinander sagen, zusammen denken, eine Wirkung auf uns und die Welt hat, jetzt oder später. Im Buddhismus ist nichts ausschließlich individuell oder kollektiv. Diese Begriffe und Vorstellungen sind relativ.

Sie meinen vielleicht, Ihr Körper sei Ihr persönlicher Besitz, aber Ihr Körper gehört auch der Welt. Nehmen Sie einmal an, Sie wären Busfahrer und Ihre Sicherheit hinge von Ihren Sehnerven ab. Sie halten Ihre Sehnerven für ausschließlich individuell, sie gehören Ihnen, und Sie sind es, der von den Sehnerven profitiert und verantwortlich für sie ist. Doch wenn wir in Ihrem Bus sitzen, sind wir alle von Ihren Sehnerven sehr abhängig. Unser Leben hängt von Ihnen ab. Von daher ist es etwas naiv zu sagen: »Das ist mein Leben!« Wir sind in Ihnen, Sie sind in uns. Wir durchdringen und bedingen einander.

Wenn wir eine Rose sehen, identifizieren wir sie als weiße Rose, und wir sind uns sehr sicher, dass sie eine objektive Realität besitzt, die unabhängig von unserem Bewusstsein existiert – ob wir an die Blume denken oder nicht, sie ist da. Sie gehört zur objektiven, äußeren Welt. So denken wir im Allgemeinen. Doch hat uns die Wissenschaft gelehrt, dass die Farben, die wir sehen, Schwingungen einer bestimmten Wellenlänge sind. Ist die Wellenlänge zu kurz oder zu lang, dann können wir sie nicht wahrnehmen. Passen die Frequenzen zu unseren Sinnesorganen, glauben wir, dass die entsprechenden Dinge existieren. Nehmen wir die Frequenz nicht wahr, meinen wir, dass sie nicht existieren. Ich frage vielleicht einen anderen Menschen: »Sehen Sie dasselbe wie ich? Hören Sie, was ich höre?« Und dieser Mensch sagt: »Ja, ich sehe, was Sie sehen, ich höre, was Sie hören.« Dann haben wir den Eindruck, da beide Seiten ja übereinstimmen, dass es so sein müsse, dass da etwas objektiv und außerhalb von uns sein müsse. Doch vergessen wir dabei, dass wir Menschen uns sehr ähnlich sind. Unsere Sinnesorgane sind ähnlich aufgebaut. Wir stimmen alle darin überein, dass dies ein Tisch ist, und wir nennen ihn »Tisch«. Wir stimmen darin überein, dass wir die Tischplatte gut als Unterlage nutzen können, um darauf etwas zu schreiben. Als Menschen sehen wir dieses Ding als Tisch, als Gegenstand. Wären wir Termiten, würden wir den Tisch ganz anders betrachten. Er wäre für uns eine Nahrungsquelle, wohlschmeckend und nahrhaft. Die Termiten sind so geartet, dass der Tisch für sie Nahrung ist; für uns unterstützt der Tisch als Unterlage unser Lesen und Schreiben. Und darum ist das, was wir als äußere Wirklichkeit ansehen, nur ein geistiges Konstrukt. Weil unsere Sinnesorgane in bestimmter Weise aufgebaut sind, nehmen wir die sogenannte objektive Welt in einer bestimmten Weise wahr, und wir halten dies für die objektive Realität. Wir wissen, dass die Rose das kollektive mentale Konstrukt einer Gruppe von Lebewesen ist, die Menschen genannt werden. Das ist Teilhabe an einem Bereich des Seins. Die Bienen haben ihren Seinsbereich; die Vögel haben ihren Seinsbereich; die Menschen haben ihren Seinsbereich, und dieser Bereich ist eine kollektive

Manifestation, eine kollektive Vorstellung ihres Karmas, ihres Bewusstseins, ihres Speicherbewusstseins.

Weil der Geist nicht-lokal ist, kann er den buddhistischen Lehren zufolge auch nicht sterben, er kann sich nur transformieren. Wir setzen uns in unserer Umgebung fort. Das Speicherbewusstsein, unsere Gedanken, unsere Worte und unsere Handlungen bringen die Frucht des Karmas hervor, die aus uns und unserer Umgebung besteht. Sie und Ihre Umgebung sind eins und schaffen Ihr Karma. Wir können uns eine wunderbare Zukunft sichern, wenn wir auf unsere Gedanken, unsere Worte und unsere Handlungen achten. Wir haben die Macht, uns innerlich zu verändern, und wir haben die Macht, uns durch Veränderung unserer Umgebung zu ändern. Sich um sich selbst zu kümmern bedeutet, sich um den Körper und die Umgebung zu kümmern. Es ist nicht so, dass die Gene alles festlegen. Durch unser Denken, unsere Worte und unsere Taten schaffen wir unsere Umgebung. Wir haben immer die Möglichkeit, uns und unsere Umgebung so auszurichten, dass wir stets die positiven Samen in uns wässern. Das ist das Geheimnis des Glücks.

Natürlich besteht unsere Umgebung nicht nur aus den Dingen, die wir um uns herum sehen. Es gibt Dinge, die wir weder sehen noch hören können. Und wir neigen dazu, sie als nicht-existent zu beschreiben. Nehmen wir an, wir betrachten den leeren Raum in einer Meditationshalle. Der uns umgebende Raum ist voller Fernseh-, Radio- und Mobilfunksignale, die wir weder sehen noch hören können. Wir brauchen ein Gerät – ein Telefon oder einen Fernseher –, um sie für uns zu übersetzen. Oftmals, wenn wir etwas als leer bezeichnen, ist es in Wirklichkeit ziemlich voll. Unser Geistbewusstsein übersetzt all diese Dinge in Geräusche und Farben. Ich bin mir also nicht sicher, ob das Blatt, das ich in Händen halte, innerhalb oder außerhalb meines Geistes ist. Wir müssen bescheiden und offen sein, damit die Wahrheit uns durchdringen kann. Das Geheimnis des Buddhismus liegt darin, dass er alle Ideen, alle Konzepte entfernt, damit die Wahrheit durchdringen und sich selbst offenbaren kann.

Unser verwirrter Geist

Der Buddha erzählte einmal eine interessante Geschichte über einen Kaufmann, der allein mit seinem kleinen Sohn lebte. Die Mutter des Jungen war gestorben, und so war dem Vater der Junge sehr teuer und kostbar. Er liebte ihn sehr und glaubte, ohne den Jungen nicht leben zu können – und wir können das gut verstehen. Eines Tages war er geschäftlich unterwegs. Banditen überfielen in dieser Zeit das Dorf, brannten es nieder und entführten die Kinder, und sie nahmen auch den Jungen mit. Als der Vater zurückkam, war er vollkommen verzweifelt. Er suchte überall nach seinem Jungen, konnte ihn aber nirgends finden. In diesem Zustand voller Sorge und Verzweiflung entdeckte er den verkohlten Leichnam eines Kindes. Und er hielt diesen Körper für den seines Sohnes. Er glaubte, sein Kind sei tot. Voller Verzweiflung warf er sich auf den Boden, schlug sich auf die Brust, riss sich die Haare aus und machte sich heftige Vorwürfe, seinen Jungen allein zu Hause gelassen zu haben. Nachdem er einen Tag und eine Nacht geweint hatte, nahm er den Leichnam des Kindes und organisierte eine Verbrennungszeremonie. Danach füllte er die Asche in einen wunderschönen samtenen Beutel und trug diesen überall mit sich herum, weil er seinen Sohn so sehr liebte und immer bei sich haben wollte. Wenn man etwas oder jemanden sehr liebt, dann möchte man, dass es immer da ist, vierundzwanzig Stunden am Tag, und das ist verständlich. Da der Vater glaubte, dass der Junge tot und dies seine Asche sei, wollte er dessen Überreste immer mit sich herumtragen. Ob er schlief, aß oder arbeitete, stets hatte er den Beutel dabei.

Der Junge konnte jedoch seinen Entführern entkommen und klopfte eines Nachts gegen zwei Uhr an die Tür des väterlichen Hauses. Man kann sich vorstellen, wie der arme Vater schlaflos im Bett lag und weinte, den Beutel mit der Asche im Arm.

»Wer klopft da an meine Tür«, rief er.

»Ich bin es, Vater, dein Sohn.«

Der Vater glaubte, dass ihm jemand einen Streich spielen wolle, da sein Sohn doch tot sei, wie er meinte. Er sagte: »Geh weg, freches Kind. Stör die Menschen nicht um diese nachtschlafende Zeit. Geh nach Hause. Mein Sohn ist tot.« Der Junge versuchte es weiter, doch der Mann weigerte sich, ihn als seinen kleinen Sohn anzuerkennen, der an seine Tür klopfte. Schließlich musste der Junge es aufgeben und ging fort – und der Vater verlor ihn für immer.

Natürlich sehen wir, dass der Vater nicht weise gehandelt hat. Er hätte doch die Stimme seines eigenen Jungen erkennen müssen. Doch weil er sich in einer Vorstellung verfangen hatte und sein Geist voller Sorgen, Verzweiflung und Überzeugungen war, vermochte er nicht zu erkennen, dass es sein Kind war, das an die Tür klopfte. Und deshalb weigerte er sich, die Tür zu öffnen, und verlor so sein Kind für immer.

Manchmal halten wir etwas für die Wahrheit, für die absolute Wahrheit. Wir hängen daran, wir können es nicht mehr loslassen. Und darum stecken wir fest. Und selbst wenn die Wahrheit persönlich vorbeikäme und bei uns anklopfte, würden wir uns weigern, die Tür zu öffnen. Unsere Anhaftung an Sichtweisen und Überzeugungen ist eines der größten Hindernisse für unser Glücklichsein.

Angenommen, Sie erklimmen eine Leiter. Wenn Sie auf der vierten Stufe sind und meinen, das sei die höchste, dann werden Sie keine Chance haben, die fünfte zu erreichen, die wirklich höher ist. Der einzige Weg, höher zu steigen, liegt darin, die vierte Stufe loszulassen.

Eines Tages kam der Buddha mit einer Handvoll Blätter aus dem Wald zurück. Lächelnd schaute er seine Mönche an und fragte: »Liebe Freunde, glaubt ihr, dass diese Blätter hier in meinen Händen so zahlreich sind wie die Blätter im Wald?« Und natürlich antworteten die Mönche: »Lieber Lehrer, du hast gerade mal zehn oder zwölf Blätter, und im Wald sind Millionen davon.« Und der Buddha sagte: »Das ist wahr, meine Freunde. Ich habe viele Ideen, aber ich erzähle sie euch nicht. Denn was ihr braucht, ist, für eure eigene Transformation und Heilung zu arbeiten. Wenn ich euch zu viele Ideen gebe, bleibt ihr darin stecken, und dann werdet ihr keine eigenen Einsichten entwickeln können.«

Die drei Arten der Wahrnehmung

Wie nehmen wir nun die Welt ohne vorgefasste Ideen wahr? Wie betrachten wir die Welt mit wahrer Bewusstheit? Es gibt drei Arten zu beschreiben, wie wir die Welt in unterschiedlichen Graden der Bewusstheit wahrnehmen: *parikalpita*, *paratantra* und *parinishpana*.

Die Erste ist *parikalpita*, unsere kollektiven geistigen Konstrukte. Wir neigen dazu, an eine feste, objektive Welt zu glauben. Wir betrachten die Dinge so, als existierten sie außerhalb und unabhängig voneinander. Sie sind außerhalb von mir, ich außerhalb von ihnen. Der Sonnenschein ist außerhalb des Blattes, und das Blatt ist nicht die Wolke. Dinge sind außerhalb voneinander. So sehen die meisten von uns die Welt. Doch das, was wir berühren, sehen und hören, sind nur geistige Konstrukte. Was die meisten von uns für das Wesen der Welt halten, ist nur das Wesen von *parikalpita*. Der Mensch neben Ihnen sagt, er sehe oder höre die Dinge genau wie Sie. Und das ist nicht so, weil diese Dinge die einzige objektive Weise wären, die Welt zu sehen, sondern weil dieser Mensch Ihnen sehr ähnlich ist und auf ganz ähnliche Weise wahrnimmt.

Wir wissen, dass wir nicht nur mit unseren Augen sehen. Unser Auge empfängt nur das Bild, das dann in elektrische Impulse umgewandelt wird. Auch die Klänge, die wir empfangen, werden in elektrische Impulse umgewandelt. Klänge, Bilder, Berührbares und Gerüche werden alle in elektrische Impulse umgewandelt, die der Geist empfangen und weiterverarbeiten kann.

Im *Diamant-Sutra* sagt der Buddha: »Alle bedingten Dinge (*dharmas*) sind wie ein Traum, ein Phantom, ein Tautropfen, ein Blitz. So meditiert man über sie, so betrachtet man sie.« Was wir für Persönlichkeiten, für Menschen halten, was wir als Dinge, als *dharmas* ansehen, sind nur geistige Konstrukte, die sich verschieden entfalten und entwickeln, doch sie alle sind Manifestationen des Bewusstseins.[3]

Wenn wir wissen, dass die Welt, in der wir leben, *parikalpita* ist, schauen wir tief in die Welt der geistigen Konstrukte und berühren die zweite Art der Wahrnehmung, *paratantra.*

Paratantra bedeutet, »sich auf etwas verlassen, von etwas abhängig sein, um sich zu manifestieren«. Niemand und nichts können nur durch sich selbst *sein*, sondern alles ist wechselseitig voneinander abhängig und verbunden mit allem anderen. Betrachten Sie ein Blatt, so sehen Sie die Wolke und den Sonnenschein; es enthält auch sie. Wenn wir diese Elemente aus dem Blatt entfernen, existiert es nicht mehr.

Eine Blume kann niemals nur durch sich selbst sein. Eine Blume hängt von vielen Nicht-Blume-Elementen ab, um sich zu manifestieren. Schauen wir eine Blume an und sehen sie als abgetrenntes Phänomen, dann sind wir noch im Bereich von *parikalpita.* Betrachten wir einen anderen Menschen, wie unseren Vater, unsere Mutter, unsere Schwester, unseren Partner oder unsere Partnerin, und halten wir ihn für ein eigenständiges Ich oder Selbst, für *atman*, auch dann sind wir noch im Bereich von *parikalpita.*

---

[3] Siehe auch Thich Nhat Hanh *Aus Angst wird Mut, Grundlagen buddhistischer Psychologie, Berlin*: Theseus Verlag, 2003.

Um die leere Natur von Menschen und Dingen entdecken zu können, brauchen wir die Energie der Achtsamkeit und der Konzentration. Leben Sie achtsam, und betrachten Sie alles, dem Sie begegnen, eingehend, dann werden Sie von den Erscheinungsformen der Dinge nicht mehr in die Irre geführt. Sehen Sie den Sohn, dann sehen Sie den Vater, die Mutter, die Vorfahren in ihm und verstehen, dass der Sohn kein abgetrenntes Selbst ist. Sie sehen sich selbst als Fortführung – das heißt, Sie sehen alles im Licht der wechselseitigen Abhängigkeit und des Interseins.

Alles gründet sich auf alles andere, um sich zu manifestieren. Wenn Sie auf diese Weise üben, werden sich die Vorstellungen von »eins« und »viele« auflösen.

Der Atomphysiker David Bohm hat gesagt, dass ein Elektron nicht ein Ding an sich sei, sondern aus allen anderen Elektronen bestehe. Das ist eine Manifestation der Natur von *paratantra*, der Natur des Interseins. Es gibt keine abgetrennten, eigenständigen Entitäten, es gibt nur Manifestationen, die in ihrer Existenz voneinander abhängen. Es ist wie mit rechts und links. Rechts besitzt keine Eigenständigkeit, die nur für sich selbst existieren könnte. Ohne links könnte rechts nicht sein. Alles ist so.

Eines Tages sagte der Buddha zu seinem geliebten Schüler Ananda: »Wer Intersein sieht, sieht den Buddha.« Wenn wir die Natur der wechselseitigen Abhängigkeit berühren, berühren wir den Buddha. Das ist eine Sache der Übung. Wir können uns während des Tages, wenn wir gehen, sitzen, essen oder saubermachen, darin üben, die Dinge so zu sehen, wie sie sind. Am Ende, wenn wir unser Training abgeschlossen haben, wird sich uns die Natur von *parinishpana*, der Wirklichkeit, vollständig enthüllen, und wir berühren nun nicht mehr die Welt der Illusion, sondern die Welt der Dinge-an-sich.

Zuerst wird uns bewusst, dass die Welt, in der wir leben, durch uns, unseren Geist kollektiv geschaffen wurde. Als Nächstes erkennen wir, dass wir die Natur des Interseins berühren können, wenn wir wissen, wie wir Achtsamkeit und Konzentration einsetzen. Und wenn unsere Übung dann Tiefe gewonnen hat, kann die wahre Natur der absoluten Wirklichkeit, befreit von Vorstellungen, Konzepten und Ideen, selbst denen von »Intersein« und »Nicht-Selbst«, ans Tageslicht gelangen.

Spirituell Praktizierende verwenden keine komplizierten, ausgefeilten Untersuchungsinstrumente. Sie nutzen ihre innere Weisheit, ihre innere Klarheit. Wenn wir uns erst einmal von unserem Greifenwollen, von Vorstellungen und Konzepten befreit haben, wenn wir uns befreit haben von Angst und Wut, dann haben wir ein sehr intelligentes Instrument, mit dem wir die Wirklichkeit, so wie sie ist, erforschen können, die Wirklichkeit, die frei ist von allen Vorstellungen. Vorstellungen von Geburt und Tod, Sein und Nichtsein, Kommen und Gehen, Gleich und Verschieden. Die Übung der Achtsamkeit, Konzentration und Einsicht kann unseren Geist reinigen und ihn zu einem machtvollen Instrument werden lassen, mit dem wir tief in die Natur der Wirklichkeit schauen können.

Im Buddhismus sprechen wir von Gegensatzpaaren wie Geburt und Tod, Kommen und Gehen, Sein und Nichtsein,

Gleichheit und Verschiedenheit. Angenommen, Sie haben eine Kerze und blasen die Flamme aus. Dann machen Sie die Kerze wieder an und fragen die Flamme: »Meine liebe, kleine Flamme, bist du dieselbe Flamme, die sich schon zuvor manifestiert hat, oder bist du eine vollkommen andere Flamme?« Und sie wird sagen: »Ich bin weder dieselbe Flamme noch eine andere.« Dies ist die buddhistische Lehre des Madhyamaka, des Mittleren Weges. Der Mittlere Weg ist sehr wichtig, denn er vermeidet Extreme wie Sein und Nichtsein, Geburt und Tod, Kommen und Gehen, Gleichheit und Verschiedenheit. Und die Ergebnisse der Wissenschaft bestätigen diese Sichtweise.

Wenn Sie in Ihrem Fotoalbum das Bild des fünfjährigen Kindes sehen, das Sie einmal waren, dann sehen Sie, dass Sie sich von dem kleinen Jungen oder Mädchen heute doch sehr unterscheiden. Wenn die Flamme Sie fragen würde: »Lieber Freund, sind Sie derselbe wie der Junge auf dem Bild?«, dann antworten Sie so, wie die Flamme es tat: »Liebe Flamme, ich bin nicht Derselbe wie dieser kleine Junge, doch bin ich auch keine vollkommen andere Person.«

Den Geist benutzen, um den Geist zu beobachten

Eine Vision oder Vorstellung von der Wirklichkeit zu haben, ist eine Sache, diese zu verwirklichen, ist eine andere. Albert Einstein sagte: »Ein menschliches Wesen ist Teil des Ganzen, ein in Raum und Zeit begrenzter Teil dessen, was wir Universum nennen. Es erfährt sich selbst, seine Gedanken und Gefühle als etwas Abgetrenntes, was einer Art optischer Täuschung seines Bewusstseins gleichkommt. Diese Täuschung ist eine Art Gefängnis für uns, welches uns auf unsere persönlichen Begierden und zur Liebe zu nur wenigen Personen aus unserem Umfeld beschränkt. Unsere Lebensaufgabe muss darin bestehen, uns aus diesem Gefängnis zu befreien, indem wir den Kreis unseres Mitgefühls erweitern, alle Lebewesen und die Natur in ihrer ganzen Schönheit umarmen.«

Der Geist ist nicht nur unser Gehirn. Um durch die Tür in Ihr Haus zu gelangen, brauchen Sie einen Schlüssel. Der Schlüssel und die Tür sind entscheidend für Sie, um ins Haus kommen zu können. Die Manifestation des Geistbewusstseins braucht das Gehirn, doch das bedeutet nicht, dass das Gehirn das Geistbewusstsein gebiert, genauso wenig wie die Tür nicht das Haus gebiert. Das Gehirn ist nicht die einzige Basis für die Manifestation des Bewusstseins.

In einem Retreat schaffen wir eine Umgebung, in der die Menschen Meditation üben können: gehend, sitzend, atmend. Durch diese Praktiken erhalten wir Zugang zu anderen Dimensionen unseres Geistes. Wenn wir davon sprechen, dass wir, wenn wir zu beschäftigt sind, nicht mehr wissen, wo uns der Kopf steht, so können wir ihn, wenn wir achtsam sind, wiederfinden.

Viele Menschen sind mit der Geschichte des sechsten Zen-Patriarchen in China, Hui Neng, vertraut. Er lebte im Tung-Chian-Kloster des fünften Patriarchen, Hung Jen. Eines Tages forderte der fünfte Patriarch seine Mönche auf, ihre

Einsicht in einem Gedicht auszudrücken. Sein erfahrenster Schüler, Shen Hsiu, kam aus Nordchina und war sehr gebildet. Er lieferte das folgende *gatha*:

Der Körper ist der Bodhi-Baum.
Der Geist ist ein großer, klarer Spiegel.
Jeden Tag musst du ihn polieren,
damit sich kein Staub auf ihm absetzt.

Dieses Gedicht ist sehr gut, was die Übung angeht. Unser Geist neigt dazu, von Verlangen, Wut, Ängsten und Sorgen verdunkelt zu werden. Praktizierende wissen, wie sie sich um ihren Geist zu kümmern haben, damit er nicht von Staubschichten bedeckt wird.

Hui Neng entstammte einer südchinesischen Bauernfamilie. Er war in den Norden gekommen, um unter dem fünften Patriarchen zu üben und zu studieren. Da er Analphabet war, musste er einen seiner Dharmabrüder bitten, das Gedicht, in dem er seine Einsicht zum Ausdruck brachte, für ihn niederzuschreiben. Das Gedicht lautete:

Es gibt nicht so etwas wie einen Bodhi-Baum.
Es gibt nicht so etwas wie einen großen, klaren Spiegel.
Von Beginn an ist alles leer.
Worauf sollte sich da Staub legen?

Wenn wir unseren Geist beobachten, benutzen wir unseren Geist. Und welche Art des Geistes nutzen wir zur Beobachtung? Wenn Ihr Geist in Wut, Verwirrung und unterscheidendem Denken verfangen ist, dann ist er nicht klar genug, um zu beobachten, selbst wenn wir die teuersten wissenschaftlichen Instrumente hätten. Der Sinn der Meditationspraxis liegt darin, uns zu einem klaren Geist zu verhelfen, mit dem wir beobachten und unsere inneren Knoten auflösen können. Jede und jeder von uns hat Vorstellungen und Konzepte, aber wenn wir in ihnen stecken bleiben, sind wir nicht frei, und wir haben keine Möglichkeit, die Wahrheit des Lebens zu berühren. Das erste Hindernis sind unsere Konzepte, unser Wissen, unsere Ideen über die Wahrheit. Das zweite Hindernis sind die *klesha*, die Geistesplagen wie Angst, Wut, unterscheidendes Denken, Verzweiflung und Überheblichkeit. Zu gehen, sitzen, atmen, einem Dharmavortrag zu lauschen und so weiter sind alles Hilfsmittel, durch die wir das Werkzeug unseres Geistes schärfen können, sodass wir klarer beobachten können.

Wenn Sie einem Dharmavortrag lauschen oder ein Buch über den Buddhismus lesen, dann sollte Ihnen das keine neuen Vorstellungen und Ideen geben. Tatsächlich soll es Sie von Vorstellungen und Ideen befreien. Sie sollen keine alten Vorstellungen und Ideen durch neue ersetzen. Der Vortrag oder das Buch sollte wie Regen sein, der die Samen der Weisheit und der Freiheit in Ihnen wässert.

Darum ist so wichtig, dass wir lernen zuzuhören. Wir hören nicht zu oder lesen nicht, um noch mehr Konzepte und Vorstellungen aufzunehmen, sondern um uns von ihnen allen zu befreien. Es ist nicht wichtig, dass Sie bei einem Dharmavortrag behalten, was gesagt wurde, sondern dass Sie frei sind.

Wir sind daran gewöhnt, uns in der Schule sehr anzustrengen, um den Lernstoff zu behalten. Wir arbeiten hart, um uns eine Menge Begriffe, Vorstellungen und Konzepte anzueignen, und glauben, dass dieses Gepäck für unser Leben nützlich sei. Doch im Licht der Praxis besehen ist es eine Bürde. Es ist wichtig, frei zu sein von der Bürde des Wissens, der Vorstellungen und der Konzepte, frei zu sein von der Bürde der Geistesplagen, Wut und Verzweiflung. Darum ist das Gehen, Sitzen, Lächeln und Innehalten so wichtig. Kurz vor dem Ende seines Lebens sagte der Buddha: »In den fünfundvierzig Jahren des Lehrens habe ich überhaupt nichts gesagt.«

Wenn wir unser Frühstück essen, ist das Frühstücken unsere Praxis. Betrachten wir ein Stück Brot, und sei es nur für eine oder eine halbe Sekunde, so sehen wir den Sonnenschein, und wir sehen die Wolke in dem Stück Brot. Es gibt kein Brot ohne Sonnenschein, ohne Regen, ohne die Erde. In dem Stück Brot sehen wir, dass alles im Kosmos zusammengekommen ist, um uns zu nähren. Das ist tiefes Gewahrsein, tiefe Achtsamkeit. Und es ist uns möglich, das Stück Brot intensiv zu genießen, es kostet gar nicht viel Zeit.

Ein ganz kurzer Augenblick reicht aus, um Sie erkennen zu lassen, dass das Stück Brot Botschafter des ganzen Universums ist. Wenn Sie es auf Ihre Zunge legen, so legen Sie nur das Brot darauf, nicht Ihre Vorhaben, nicht Ihren Ärger – es ist nicht gesund, Ärger und Pläne zu kauen – kauen Sie nur das Brot, und genießen Sie das. Nur die Achtsamkeit erlaubt uns, auf diese Weise zu leben, die Wunder des Lebens tief zu berühren, sodass jeder Augenblick ein Augenblick der Heilung, Transformation und des Genährtseins ist.

Das Sitzen genießen

Wir können mithilfe des Geistbewusstseins wieder erlernen, wie man sitzt. Als Nelson Mandela Frankreich besuchte und von der Presse gefragt wurde, was er am liebsten tun würde, antwortete er: »Einfach sitzen und nichts tun. Seitdem ich aus dem Gefängnis entlassen wurde, war ich immerzu beschäftigt – und hatte keine Zeit, nur zu sitzen und das zu genießen.«

Zu sitzen und nichts zu tun, scheint nicht einfach zu sein, denn *vasana*, die Gewohnheitsenergie, in diesem Fall die Gewohnheit, umtriebig zu sein, kann sehr stark sein – wir haben immer das Gefühl, wir müssten etwas tun, und das ist uns zur festen Gewohnheit geworden. Doch durch Intervention des Geistbewusstseins, durch die Einsicht, dass wir innehalten und unser Leben wahrhaft zu leben beginnen können, schaffen wir uns die Möglichkeit, das Sitzen und Nichtstun zu genießen. Genießen wir das Sitzen! Ermöglichen wir es unserem Körper, friedvoll, geerdet und frei zu sein.

In Frieden sitzen ist eine Kunst. Sitzen Sie in Frieden, ist es so, als säßen Sie auf einer Lotosblume. Sitzen Sie nicht in Frieden, ist es, als säßen Sie auf glühenden Kohlen. Lernen Sie also zu sitzen wie ein Buddha. Einige von uns können das bereits – das Sitzen und das Nichtstun genießen. Es bedarf eines gewissen Trainings. Lassen Sie uns lernen, wie man geht – wie wir auf eine Weise gehen, dass wir jeden Schritt genießen und unsere Vorhaben, unsere Ängste uns dabei keine Hindernisse in den Weg legen.

Wenn wir frühstücken, so ist das eine Gelegenheit, zu sitzen, zu essen und dabei jeden Bissen zu genießen. Haben wir den Abwasch zu erledigen, können wir auch dabei ganz frei sein, frei von unseren Plänen, unseren Sorgen, und es genießen, abzuwaschen. Putzen wir uns die Zähne, genießen wir es, unsere Zähne zu putzen. Ziehen wir uns an, genießen wir das. Wir sind stets bei uns, und so können wir jeden Augenblick unseres täglichen Lebens genießen.

Der Fluss des Bewusstseins

Der Philosoph David Hume sagte: »Bewusstsein ist ein Strahl oder eine Sammlung verschiedener Perzeptionen, die mit unvorstellbarer Geschwindigkeit aufeinanderfolgen.«[4] Geistige Gebilde manifestieren sich und folgen aufeinander wie ein Fluss. Wenn Sie einen Fluss anschauen, glauben Sie vielleicht, der Fluss sei ein Gebilde, das immer gleich bliebe. Doch das ist ein geistiges Konstrukt. Am Ufer sitzend erkennen wir, dass der Fluss, den wir jetzt beobachten, nicht derselbe Fluss ist, in dem wir vor kurzem schwimmen waren. Heraklit sagte, dass man nie zweimal in denselben Fluss steigen könne.

In seinem 1908 veröffentlichten Buch *Evolution Créatice* benutzt Henri Bergson den Begriff »kinematografischer Mechanismus des Denkens« (*méchanisme cinématographique de la pensée*). Wenn Sie einen Film anschauen, haben Sie den Eindruck, dass da eine wirkliche Geschichte passiert. Aber wenn Sie den Film anhalten und ihn untersuchen, stellen Sie fest, dass es nur einzelne, aufeinanderfolgende Bilder gibt, die den Eindruck vermitteln, es handle sich um eine Einheit, um ein Kontinuum.

---

4 David Hume *A Treatise of Human Nature*, New York, NY: Oxford University Press, 2000.

Geistige Gebilde manifestieren sich sehr schnell, folgen aufeinander und geben den Eindruck, das Bewusstsein sei etwas Dauerhaftes. Doch wenn wir einen Filmschnipsel mit Achtsamkeit anschauen, können wir den Lebenszyklus eines geistigen Gebildes und die Natur der Samen sehen, die ihn geschaffen haben.

Die Samen haben drei natürliche Eigenschaften und vier Bedingungen, um sich zu manifestieren. Jedes Samenkorn hat seine spezifischen Eigenschaften, die es behält, auch wenn es sich ständig verändert. Ein Getreidekorn bleibt ein Getreidekorn, auch wenn es sich fortwährend verändert. Ist es gepflanzt, wird es eine Getreidepflanze ergeben, keine Bohnenpflanze. Wir können auf einen Samen einwirken, ihn verändern und verwandeln; er kann eine bessere Qualität erhalten, aber er wird seine Wesensart behalten.

Die erste Eigenschaft des Samens ist, dass er in jedem Augenblick stirbt, um wiedergeboren zu werden und erneut zu sterben. Wir wissen, dass auch die Zellen unseres Körpers diesen Prozess durchlaufen. Die Kerzenflamme hat auch diese kinematografische Natur. Sie stirbt in jedem Bruchteil einer Sekunde und lässt eine neue Flamme entstehen. Nicht nur unser Bewusstsein, sondern auch die Objekte unseres Bewusstseins sind von dieser kinematografischen Natur. Alle Dinge, ob körperlich oder geistig, verändern sich unablässig. Der Buddha sagte: »Alle Gebilde sind unbeständig; sie sterben in jedem *kshana.*«

Die zweite Eigenschaft des Samens liegt darin, dass seine Manifestation, seine Frucht, bereits im Samen enthalten ist. Nehmen Sie eine DVD. Sie wissen, dass sie Farben, Bilder und

Klänge enthält; Sie können diese zwar nicht sehen und hören, aber Sie können nicht behaupten, sie wären nicht da. Sie brauchen einige Bedingungen, damit sie sich manifestieren. Der Samen und die Frucht sind also nicht zwei verschiedene Dinge. Der Samen braucht keine Zeit, um zur Frucht zu werden, denn die Frucht ist bereits im Samen enthalten. Wenn Sie den DVD-Spieler anstellen, die DVD einlegen und den Knopf drücken, dann manifestieren sich Klänge, Farben und Formen sofort. Wir brauchen nicht zu warten, bis der Samen zu einer Pflanze gewachsen ist, damit die Pflanze Blüten und Früchte hervorbringt. Wir brauchen keine Zeit; die Frucht ist bereits jetzt, in diesem Augenblick, in dem Samenkorn.

Die dritte Eigenschaft des Samens ist, dass er verschiedener Bedingungen bedarf, um sich manifestieren zu können. Die Samen sind in unserem Speicherbewusstsein bereits da, so wie es die Informationen auf der DVD sind. Auch sie bedürfen bestimmter Bedingungen, um sich transformieren und als Klang, Farbe und Form manifestieren zu können.

Es gibt vier notwendige Bedingungen, damit Manifestation geschehen kann. Die erste Bedingung ist die Samen-Bedingung, *hetu*. Ohne Samen ist nichts möglich. Ohne die Informationen auf der DVD kann man nichts mit ihr anfangen. Ohne ein Saatkorn könnte keine Pflanze wachsen. Gäbe es in unserem Speicherbewusstsein keine Samen, könnte man es nicht Speicherbewusstsein nennen, und die anderen sieben Formen des Bewusstseins, die aus ihm heraus entstehen, könnten sich nicht manifestieren. Der Samen ist die grundlegende Bedingung. Mit einem Saatkorn haben wir die Möglichkeit, dass ein Getreidehalm mit Ähren wächst. Das chinesische Zeichen für »Samen« ist sehr interessant. Es besteht aus zwei Zeichen. Ein Zeichen bedeutet »Begrenzung«, und innerhalb dieses Zeichens ist das zweite, das »groß« bedeutet – innerhalb des Begrenzten liegt also etwas mit dem Potenzial, sehr groß zu werden. Das Große existiert bereits im Kleinen. Und wenn wir andere Bedingungen hinzutreten lassen, so wird das, was klein war, groß werden.

Die zweite Bedingung ist die Unterstützung für den Samen. Wir haben das Samenkorn, doch wir brauchen Wasser, Sonnenschein, Erde und den Bauern, damit das Samenkorn sprießen und zu einer Pflanze werden kann. Wir haben den Samen der Buddhaschaft in uns. Er ist klein. Doch wenn wir ihm eine Chance geben, dann wird er erblühen. Wir brauchen Bedingungen – wir brauchen eine Sangha, Dharmabrüder und -schwestern, Dharmalehrerinnen und -lehrer, ein Praxiszentrum. Wir brauchen die Art von Umgebung, in der sich der Samen der Buddhaschaft am besten manifestieren kann. Dies sind die unterstützenden Bedingungen.

Unterstützende Bedingungen sind von zweierlei Art: in dieselbe Richtung und in die entgegengesetzte Richtung. Wenn alles problemlos und glatt läuft, dann ist es in dieselbe Richtung. Doch manchmal sind die Bedingungen auch dergestalt, dass sie die Situation schwieriger gestalten. Manchmal begegnen Sie auf Ihrem Pfad auch Hindernissen. Vielleicht werden Sie krank, und ein Kollege macht Ihnen das Leben schwer. Doch dank der Schwierigkeiten können Sie transformiert und stärker werden. So sind auch diese letztlich unterstützende Bedingungen, auch wenn sie zunächst als Hindernisse erscheinen.

Es gibt Kiefern, die in den Bergen in sehr nährstoffarmer Erde wachsen. Die Samen haben nur wenige Nährstoffe, um zu sprießen und zu wachsen. Doch aufgrund dieser Schwierigkeit hat die Kiefer die Chance, sich tief im Boden zu verwurzeln und sehr stark zu werden, sodass ein Sturm sie nicht so leicht entwurzeln kann. Hätte die Kiefer es nur mit für sie einfachen Bedingungen zu tun, dann hätte sie nicht so tief Wurzeln getrieben und sich im Boden verankert, und ein starker Wind könnte sie leichter umstürzen. Manchmal helfen uns Hindernisse und Schwierigkeiten dabei, erfolgreich zu sein.

Einen Kollegen, mit dem Sie Probleme haben, können Sie als unterstützende Bedingung ansehen, selbst wenn er Ihnen eher als Hindernis erscheint. Er lehrt Sie etwas über Ihre eigene Stärke. Praktizierende sollten stark genug sein, um beide Arten unterstützender Ursachen annehmen zu können: die, die in dieselbe Richtung, und die, die in die entgegengesetzte Richtung weist.

Die dritte notwenige Bedingung für die Manifestation des Samens heißt »Objekt als Bedingung«, *alambana pratiyaya*. Damit Wahrnehmung stattfinden kann, muss es stets ein Objekt und ein Subjekt geben, die sich zusammen manifestieren. Es kann kein Subjekt ohne Objekt geben. Wir wissen, dass Bewusstsein stets Bewusstsein von etwas ist. Wenn Sie wütend sind, dann stets über jemanden oder etwas. Essen Sie, so essen Sie immer etwas. So ist also das Objekt eine Bedingung für die Manifestation. Wahrnehmung schließt stets den Wahrnehmenden und das Wahrgenommene ein. Wahrnehmung umfasst immer die Wahrnehmende und das Wahrgenommene. Ein Stift, der auf dem Tisch liegt, hat stets eine rechte und eine linke Seite. Die rechte Seite kann nicht allein existieren; sie kann nur gemeinsam mit der linken Seite da sein.

Das Gleiche gilt auch für das Bewusstsein. Wir neigen zu der Ansicht, das Bewusstsein sei einfach da, bereit, jedes Objekt, das sich zeigt, wahrzunehmen. Doch Wahrnehmung selbst ist ein geistiges Gebilde. Vorstellung ist ein geistiges Gebilde. Wut ist ein geistiges Gebilde. Jedes Mal, wenn sich ein geistiges Gebilde manifestiert, werden Subjekt und Objekt gemeinsam geboren.

Die vierte und letzte Bedingung ist Beständigkeit, Nicht-Unterbrechung. Konzentration, *samadhi*, bedeutet Beständigkeit bewahren. Das Objekt Ihrer Konzentration mag eine Wolke, eine Blume oder Ihr Ärger sein. Im Zustand der Konzentration ist Ihr Fokus beständig und gleichbleibend darauf gerichtet. Wenn er aber immer wieder abgelenkt wird und sich dann wieder neu ausrichtet, dann ist es keine Konzentration. Sie muss kontinuierlich und beständig sein.

Nehmen Sie an, Sie projizieren einen Film, und er stoppt plötzlich. Die Geräusche und die Bilderabfolge stoppen auch. Wenn es eine Unterbrechung im Bewusstseinsprozess gibt, wird er sich nicht fortsetzen können. Der Prozess ist nur möglich in einer fortwährenden Kontinuität. Haben Sie ein Samenkorn ausgesät und graben Sie es nach ein paar Tagen wieder aus, um zu sehen, ob es schon ausgeschlagen hat, unterbrechen Sie den Wachstumsprozess. Damit das Samenkorn wachsen kann, muss es Tag und Nacht ungestört sein. Blasen Sie eine Kerzenflamme aus, kann sie nicht weiterbrennen. Auch Ihre Transformation und Heilung vollziehen sich so. Wenn Ihr Arzt Ihnen Antibiotika verschreibt und Ihnen verordnet, diese eine Zeitlang täglich einzunehmen, Sie das Medikament dann aber nach ein paar Tagen absetzen und erst nach einer Zeit wieder damit beginnen, wirkt es nicht. Dazu bedarf es der Beständigkeit und Kontinuität.

Wenn diese vier Bedingungen vorhanden sind – der Samen, unterstützende Bedingungen, Subjekt und Objekt, die gleichzeitig entstehen, sowie Konzentration, dann entsteht ein geistiges Gebilde.

Das Spezielle, Besondere und das Allgemeine

Wenn alles miteinander verbunden ist, worin liegt dann der Unterschied zwischen dem Speziellen oder Besonderem und dem Universellen, dem Allgemeinen?

Angenommen, das Geistbewusstsein beobachtet einen Elefanten. Während dieser Beobachtung mag das Objekt des Geistbewusstseins nicht der Elefant-an-sich sein, sondern ein mentales Konstrukt des Elefanten, das auf früheren Bildern von Elefanten beruht, die sich im Speicherbewusstsein eingeprägt haben. Das Geistbewusstsein hat in dem Fall den Kontakt mit dem Speziellen verloren und ist in Berührung mit dem Allgemeinen.

Es kann aber auch sein, dass wir eine Blume eingehend betrachten und wissen, dass diese spezielle Blume das Objekt unseres Geistbewusstseins ist. Wir haben die Fähigkeit, das

Spezielle, die Wirklichkeit der Dinge zu berühren. Im Buddhismus nennen wir das oft *svalakshana* oder Soheit. Wenn unsere Sinnesorgane mit den speziellen Zeichen oder Merkmalen in Kontakt kommen, nehmen wir aber üblicherweise das allgemeine Zeichen des Bildes wahr und nicht das spezielle. Sehen wir etwas Rotes, die Farbe einer Blüte zum Beispiel, neigen wir dazu, das allgemeine, universelle Rot zu sehen statt der einzigartigen Farbschattierungen, die uns durch die Lichtwellen und Schwingungen präsentiert werden. Das trifft auch auf unseren Sinneskontakt mit Menschen, Tieren, Pflanzen und Wolken zu – wir neigen dazu, alles in seiner universellen, allgemeinen Art zu sehen. Wir berühren dann nicht mehr das Spezielle, die grundlegenden Elemente. Das Speicher- wie auch das Geistbewusstsein sind in der Lage, das Spezielle zu berühren. Doch meist berührt das Geistbewusstsein nur das Bild des Speziellen, wie es im Universellen erscheint.

Die fünf universellen geistigen Gebilde

Die fünf universellen geistigen Gebilde sind, jedes auf seine Weise, durchaus auch körperlich. Sie erinnern uns daran, dass das Bewusstsein sowohl körperlich als auch geistig ist. Berührung, Kontakt ist das erste, gefolgt von Aufmerksamkeit, Gefühl, Wahrnehmung und Willensregung. Diese fünf geistigen Gebilde können sehr schnell entstehen, und ihre Intensität und Tiefe variieren je nach Bewusstseinsebene.

Berührung

Im Buddhismus wird Berührung, Kontakt, das erste universelle geistige Gebilde, als Mittler angesehen, als eine Energie, die drei Dinge zusammenbringen kann: das Sinnesorgan, das Objekt der Wahrnehmung und das Sinnesbewusstsein. Ist das Trio komplett, dann sind Wahrnehmung oder Erkenntnis möglich. Vor dem Kontakt haben sie möglicherweise unabhängig voneinander bereits existiert. Das Auge ist da, die Wolke ist da, und das Sehbewusstsein ist in Form eines Samens im Speicherbewusstsein. Tatsächlich sind alle drei Samen im Speicherbewusstsein. Die Berührung löst einen Wandel aus, eine Veränderung zum Beispiel im Sehbewusstsein. Sie hinterlässt einen Eindruck auf dem Organ, und dieser Eindruck kann schwach oder stark sein. Ist der Eindruck stark, so wird er noch weiter stimulieren, und er wird Zugang zu einer höheren Ebene des Bewusstseins erlangen können. Im anderen Fall wird er einfach als etwas Unbedeutendes erkannt und wird sofort ins Lebenskontinuum fallen.

Bei einem nicht allzu bedeutenden Eindruck wird es in nur einem *kshana* eine Vibration des Lebenskontinuums geben und danach wird die Oberfläche des Lebenskontinuums wieder ruhig sein. Fortwährend erkennen wir Eindrücke als wichtig oder unwichtig, als etwas, das wir bereits kennen oder das uns unbekannt ist. Sowohl das, was wir bereits kennen, als auch das, was wir als unwichtig ansehen, wird ganz schnell als solches klassifiziert und hat dann keine Chance, Zugang zu einer höheren Ebene des Bewusstseins zu erlangen. Von daher sagen wir, dass Berührung unterschiedlicher Art ist. Ob ein reales Gefühl daraus erwächst oder nicht, hängt von der Intensität der Berührung ab. Auf dieser niedrigen Ebene neigt der Geist dazu, den Informationen nicht zu ermöglichen, eine höhere Bewusstseinsebene zu erreichen. Er neigt dazu, alles auf die Ebene des Speicherbewusstseins zu bringen und dort direkt zu verarbeiten. Das meiste, was wir durch Berührung und Aufmerksamkeit empfangen, wird auf dieser Ebene verarbeitet.

Aufmerksamkeit

Ist die Intensität der Berührung bedeutend und stark genug, dann wird sich das zweite universelle Gebilde manifestieren, Aufmerksamkeit, *manaskara*. Aufmerksamkeit ist eine Energie mit der Funktion, den Geist auf ein Objekt hin auszurichten und zu orientieren, vorausgesetzt, dieses Objekt ist weder etwas, das zu bekannt noch zu unbedeutend ist. Es muss, um Aufmerksamkeit zu wecken, etwas Unbekanntes, Fremdes, Wichtiges sein. Aufmerksamkeit ist wie das Ruder eines Bootes. Ohne Ruder ist das Boot orientierungslos. Der Geist ist eingeladen, sich dem Objekt zuzuwenden. Sie sind daran interessiert, das ist Aufmerksamkeit. So wie ein Höfling, der einen armen Bauern zum König bringt. Der Bauer kommt zum Palast, um den König zu sehen, doch als er dort ankommt, weiß er nicht, wo er ihn finden kann. Der Höfling sagt: »Der König ist in dieser Richtung zu finden. Ich werde dich zu ihm bringen.« Und in dieser Weise hat die Aufmerksamkeit die Aufgabe, den Geist in die Richtung eines Objektes zu lenken, das von Interesse sein könnte.

Sobald Kontakt stattgefunden hat zwischen Sinnesobjekt und Sinnesorgan, gefolgt von Aufmerksamkeit, ist das Phänomen des Sehens, des Erkennens durch ein oder mehrere Sinnestore gegeben. Aufmerksamkeit ist da und es findet Sehen statt, und dann werden die Signale empfangen. Die Reihenfolge des Geschehens ist folgende: Es gibt eine Vibration des Lebenskontinuums; sie erregt Aufmerksamkeit; dadurch öffnet sich das Sinnestor. Und die fünf Sinnesorgane gehen ans Werk. Und dann geschieht zum Beispiel Sehen, *darshana*, das Empfangen und Übertragen der Signale. Im nächsten Augenblick findet die Untersuchung oder Erforschung statt. Das ist die Verarbeitung der Informationen. Das alles geschieht in Bruchteilen von Sekunden. Im achten *kshana* kommt es zu einer Bestimmung des Bewusstseins, und wenn das Wahrnehmungsobjekt interessant und kraftvoll genug ist, findet während der folgenden fünf oder sieben *kshana* eine fortlaufende Verarbeitung statt, die Anstoß genannt wird. Während dieser Zeit gibt es Mögen und Nicht-Mögen, die Entscheidung, etwas zu tun oder nicht zu tun. Auf dieser Ebene hat nun der freie Wille die Möglichkeit zu intervenieren. Während des sechzehnten und siebzehnten *kshana* schließlich wird das Objekt, sofern es machtvoll genug ist, verarbeitet und erkannt.

Der König und die Mangos: Eine Geschichte über den Prozess der Wahrnehmung

Ist die Vibration einer Berührung, die von dem Objekt der Wahrnehmung ausgelöst wurde, sehr schwach, wird sie beim dritten *kshana* in *bhavanga* sinken, ins Lebenskontinuum, ohne eine große Wirkung auf die höheren Bewusstseinsebenen zu hinterlassen. Ist die Vibration einer Berührung stärker, dann kann die Wahrnehmung das Geistbewusstsein erreichen. Dieser Prozess der Wahrnehmung ist schon in alter Zeit von Praktizierenden beschrieben worden.

Im *Abhidharma* gibt es dazu ein interessantes Beispiel. *Bhavanga*, das Speicherbewusstsein, ist ein schlafender König. Der König macht gerade einen Mittagsschlaf. Die Königin und einige Hofdamen sitzen in seiner Nähe, da er jederzeit aufwachen und etwas brauchen könnte. Am Tor zum inneren Palast ist ein Wächter; er ist taub. Er hat die Macht, das Tor zu öffnen oder zu schließen. Vor dem Tor ist ein Mann, der dem König einen Korb voller Mangos bringen möchte. Als er an das Tor pocht, wacht der König auf. Das ist die Vibration des Lebenskontinuums. Eine der Hofdamen sieht zu dem Wächter hin und macht ihm ein Zeichen, das Tor zu öffnen. Der taube Wächter, der das Tor öffnet, steht für das Öffnen der Sinnestore. Der Mann mit den Mangos tritt ein, die anderen sehen die Mangos, und ihnen wird bewusst, dass jemand dem König Mangos bringt. Eine der Hofdamen nimmt die Mangos entgegen. Die Königin sucht zwei oder drei der besten heraus und gibt sie einer der Hofdamen, damit diese die Schale entfernt. Dann werden die Mangos dem

König angeboten. Während der nächsten fünf oder sieben *kshana* isst der König die Mangos, und er mag sie oder mag sie nicht, und es gibt Anhaftung oder Nicht-Anhaftung. Er entscheidet sich vielleicht, nur wenig davon zu essen, vielleicht isst er aber auch viel. Danach weiß der König, er hat Mangos gegessen, sie waren wohlschmeckend, es war gut, dass jemand kam und sie ihm dargeboten hat, und er erforscht weiter die Qualität der Mangos. Dann setzt er seinen Schlaf fort. Das ist der Prozess eines Gedankens, einer Wahrnehmung. Und Sie können an dem Beispiel erkennen, dass den Praktizierenden in alten Zeiten bereits bewusst war, wie schnell der Geist arbeitet und dass all diese Wahrnehmungsprozesse in nur sieben bis siebzehn *kshana* geschehen, einem sehr, sehr kurzen Moment.

Angemessene und unangemessene Aufmerksamkeit

Unsere Aufmerksamkeit, in Sanskrit *manaskara* (Pali: *manasiikara*), richtet unseren Geist auf ein Objekt aus. Das ist auch unsere Übung. In der buddhistischen Lehre unterscheiden wir zwischen zwei Formen der Aufmerksamkeit: angemessene und unangemessene Aufmerksamkeit. Wenn Sie eine Sangha, eine spirituelle Gemeinschaft, oder ein Praxiszentrum aufbauen wollen, dann sollten Sie die Bedingungen dafür schaffen, dass angemessene Aufmerksamkeit allzeit möglich ist. Ist Ihr Geist auf etwas Wichtiges, etwas spirituell Gutes und Heilsames ausgerichtet, dann kann davon Ihr gesamtes Sein, Ihr Bewusstsein als Ganzes profitieren. Ist Ihr Geist hingegen auf etwas Unheilsames ausgerichtet, fühlt sich zum Beispiel zu drogenabhängigen Menschen hingezogen, dann ist das keine angemessene Aufmerksamkeit.

Der Buddhismus rät uns, angemessene Aufmerksamkeit zu praktizieren, *yoniso manaskara*. Nehmen wir als Beispiel eine Nonne, die eine Glocke einlädt zu erklingen. Es findet Berührung statt, wenn Ihr Ohr mit dem Geräusch in Kontakt kommt, und dadurch entsteht das Hörbewusstsein. Wenn Sie die Glocke hören, sind Sie auf dieses Objekt ausgerichtet und sagen dann: »Ich höre, ich höre, dieser wundervolle Klang bringt mich zurück zu meinem wahren Zuhause.« Und durch die Ausrichtung des Geistes auf ein heilsames Objekt wässern Sie die guten, die heilsamen Samen in sich. Sie gründen sich im Hier und Jetzt, berühren die Tiefe Ihres Seins und empfangen Heilung und Frieden – und das nennen wir *yoniso manaskara*, angemessene Aufmerksamkeit. Sind Sie mit dieser Praxis vertraut, so werden Sie Ihre Wohnung, Ihr Umfeld, Ihren Tagesablauf so gestalten, dass Sie genügend Möglichkeiten haben, das Heilsame und Positive zu berühren. Viele Menschen richten sich in ihrem Computer eine Glocke der Achtsamkeit ein, die jede zehn oder fünfzehn Minuten ertönt, sodass Sie dann bewusst lächeln und atmen und das genießen können und sich nicht in Ihrer Arbeit verlieren. Das ist die Übung von *yoniso manaskara*, angemessener Aufmerksamkeit.

Wenn Ihre Aufmerksamkeit sich auf eine gefährliche, unheilsame Situation ausrichtet und Sie sich darin verwickeln, so wird das *ayoniso manaskara*, unangemessene Aufmerksamkeit, genannt. Wir müssen unsere Intelligenz nutzen, um uns ein

Umfeld zu schaffen, uns mit Menschen zu umgeben, die uns helfen, mit nährenden, positiven Dingen in Berührung zu kommen. In einem Praxiszentrum sollte alles darauf ausgerichtet sein, dass wir zu uns selbst zurückkehren und die Wunder des Lebens in uns und in unserer Umgebung berühren können.

Gefühl

Das dritte universelle geistige Gebilde ist Gefühl. Berührung oder Kontakt hat die Aufgabe, die drei Elemente zusammenzubringen, und dient als Grundlage für ein Gefühl. Gefühle sind dreifacher Art: angenehm, unangenehm oder neutral. Berührung kann unmittelbar ein Gefühl hervorbringen, und ein Gefühl kann die Aufmerksamkeit verstärken.

Es gibt angenehme Gefühle, die zu tiefer Heilung und Transformation führen können, und es gibt angenehme Gefühle, die Ihren Körper und Ihr Mitgefühl zerstören können. Gefühle sind also eine Form der Energie, die Freude, die aber auch Leiden bringen kann. Oder diese Energie bringt uns einfach zu Bewusstsein, was ist – dies nennen wir funktionales Gefühl.

Wahrnehmung

Das vierte universelle geistige Gebilde ist Wahrnehmung oder Konzeptualisierung, *samjña*. Die Wahrnehmung hilft uns, die Zeichen eines Objektes, seine Charakteristika, aufzunehmen. Betrachten Sie zum Beispiel einen Berg, so hilft Ihnen die Wahrnehmung, die Charakteristika des Berges in Formen und Farben wahrzunehmen. Ein Berg ist kein Fluss. Ein Berg hat die Erscheinungsform eines Berges. Und ein Fluss hat die Form, das Erscheinungsbild eines Flusses. Die Rolle der Wahrnehmung liegt darin, die Form, die besonderen Eigenschaften des Objektes zu sehen. Die zweite Funktion der Wahrnehmung besteht darin, dem Objekt einen Namen zuzuordnen. Der Name kann bereits im Speicherbewusstsein vorhanden sein. Wenn Sie die Pyrenäen zum zweiten Mal sehen und den Namen »Pyrenäen« schon einmal gehört haben, so wird während des Erkenntnisvorgangs das alte Bild der Pyrenäen und der Name »Pyrenäen« aus Ihrem Speicherbewusstsein hervorkommen und als Grundlage Ihrer gegenwärtigen Wahrnehmung dienen. Darum sagen wir, dass Erkennen Wiedererkennen und Benennen ist. Das sind die Funktion und die Natur der Wahrnehmung. Doch hier warnt uns der Buddha! Wo immer Wahrnehmung ist, ist auch Täuschung. Wir alle sind Opfer falscher Wahrnehmungen. Denken Sie an den Liebhaber *(manas)*, der voller falscher Wahrnehmungen ist.

Willensregung

Das fünfte und letzte der universellen geistigen Gebilde ist Willensregung, *cetana*. Willensregung ist die Energie, die Sie dazu bewegt, etwas zu tun, etwas hinterherzulaufen oder vor etwas zu fliehen. Es ist die Art der Energie, die aus Wahrnehmungen und Gefühlen hervorgeht und zu einer Intention führt, dem Willen, etwas zu tun. Im ersten Fall wollen Sie es tun. Es mag Sie zerstören, aber Sie wollen es trotzdem tun. Ihr Verstand sagt Ihnen, dass Sie sehr leiden werden, wenn Sie es tun. Und doch wollen Sie es. Es hängt dann alles von der Kraft und Stärke in Ihrem Speicherbewusstsein ab. Verfügen Sie über genügend Weisheit und Entschlossenheit, dann werden Sie sagen: »Nein, das werde ich nicht tun«, und Sie sind frei – das ist etwas sehr Angenehmes.

Es gibt andere Dinge, die ansprechend und angenehm, aber nicht gefährlich sind. Zum Beispiel anderen zu helfen. Sie werden durch den Wunsch, zu helfen, zu dienen, zu versöhnen, bewegt. Das kann auch gefährlich sein, Sie vielleicht sogar das Leben kosten. Doch wenn Sie viel Mitgefühl haben, wenn Sie wissen, dass es keine Geburt und keinen Tod gibt, dann werden Sie keine Angst mehr haben und überall hingehen. Diese Art Wunsch oder Wille ist heilsam. Das ist Willensregung.

Und dann gibt es die Dinge, die Sie nicht tun wollen. Sie wollen vor etwas davonlaufen, Sie haben Angst vor etwas oder sind entschlossen, etwas nicht zu tun. Selbst wenn es etwas Gutes ist, wollen Sie es nicht tun. »Warum sollte ich mich damit belasten, anderen helfen zu wollen. Sie sind alle so undankbar.« Auch hier hängt es dann vom Ausmaß an Weisheit und Mitgefühl in Ihrem Speicherbewusstsein ab, wie Sie dann handeln werden. Unsere Entscheidungen sind in hohem Maße von den Entscheidungen auf der Ebene des Speicherbewusstseins bedingt.

Dann gibt es noch einige Dinge, die wir tun, die nur funktionaler Natur sind. Wir tun sie einfach. Sie sind nicht sehr wichtig, gehören aber zur praktischen Seite des Lebens. Auch wenn sie nicht gerade wichtig sind, wollen wir sie tun und tun das auch.

Die fünf universellen geistigen Gebilde wirken zu allen Zeiten und auf allen Bewusstseinsebenen. Darum werden sie auch *citta sarvatraga* genannt, »stets mit dem Bewusstsein assoziiert«. Sie wirken immer zusammen und sind der Inhalt des Bewusstseins. Die jeweilige Bewusstseinsebene bestimmt die Tiefe und Intensität der geistigen Gebilde.

Die speziellen geistigen Gebilde

Die universellen geistigen Gebilde wirken in jedem Menschen auf sehr ähnliche Weise. In gewissem Sinne *sind* sie Bewusstsein. Was die Bewusstseinsarten unterscheidet, sind die speziellen geistigen Gebilde: Absicht (Eifer), Überzeugung (Entschlossenheit), Achtsamkeit, Konzentration und Einsicht. Mit diesen speziellen geistigen Gebilden ist Erwachen möglich. Absicht und Überzeugung können Sie zu Achtsamkeit führen; und Achtsamkeit bringt Konzentration hervor. Und sind Sie wirklich konzentriert, können Sie die Soheit der Dinge klarer sehen.

Absicht

Das erste spezielle geistige Gebilde ist Absicht, *chanda*. Es ist der Wunsch, etwas zu tun, zum Beispiel etwas zu sehen, zu hören, zu berühren. Er kann auch unsere Entschlusskraft sein, achtsam zu sein, ebenso wie unser Verstehen, dass wir die Bedingungen für Achtsamkeit selbst schaffen können. Neurowissenschaftler haben herausgefunden, dass eine Gehirnaktivität zwei Zehntelsekunden vor einem bewussten Vorsatz nachweisbar ist. Wir können dies Vor-Absicht nennen. Oft erkennen wir gar nicht, dass wir etwas tun wollten, bis wir es tun.

An Ihrer Arbeitsstätte erleben Sie vielleicht Menschen, die von Zeit zu Zeit eine Pause brauchen. Manche lehnen sich dabei zurück und zünden sich eine Zigarette an. Während des Rauchens müssen sie nicht an ihre Arbeit denken, sie machen einfach eine Pause. Bewusst einatmen und ausatmen ohne Zigarette wird sehr viel erholsamer sein, aber es erfordert die Intention zur Achtsamkeit. Wie ich bereits erwähnt habe, installieren einige Menschen in ihrem Computer eine Glocke der Achtsamkeit, sodass sie regelmäßig den Klang der Glocke hören und es genießen können, innezuhalten und ein- und auszuatmen.

Wenn Sie das nächste Mal zu Mittag essen, beobachten Sie, wie Sie essen. Lassen Sie die Achtsamkeit jeden Moment des Essens beleuchten. Vielleicht gewinnen Sie den Eindruck, dabei wie eine Maschine zu agieren. Obgleich eine Absicht da ist, ein Stück Tofu zu essen, obwohl es die konkrete Handlung gibt, das Stück Tofu mit der Gabel aufzunehmen, zum

Mund zu führen und es zu kauen, tun wir das ganz natürlich, ohne jede geistige Anstrengung. Unsere Mutter, unser Vater, unsere Lehrerin haben uns gezeigt, wie man kaut und Messer und Gabel benutzt. Durch unsere Erziehung, unsere Ausbildung, unsere Übung bieten wir dem Speicherbewusstsein unsere Umgangsformen an, und sie werden als gute Gewohnheiten automatisiert. Wir können aus unserer Intention, achtsam zu essen, eine Gewohnheit machen und sie zu einem Teil unseres Speicherbewusstseins werden lassen.

Überzeugung

Das zweite spezielle geistige Gebilde ist Überzeugung, *adhimoksha*. Überzeugung ist die Bestätigung von etwas Bekanntem. Sie erkennen etwas wieder, sie wissen, was es ist, und Sie haben keinerlei Zweifel. Sehen Sie einen Tisch, sagen Sie: »Dies ist ein Tisch, ich bin ganz sicher, dass es ein Tisch ist.« Das ist *adhimoksha*. Sie sind vollkommen sicher, dass es ein Tisch ist. Aber Sie irren sich vielleicht. Und sind doch überzeugt. Sie sehen eine Person. Sie sind davon überzeugt, dass sie ein Feind, ein Terrorist ist. Sie zweifeln nicht daran, dass sie ein Feind ist, weil sie ein bestimmtes Aussehen hat und sich in bestimmter Weise verhält. Und diese Art der Überzeugung führt zum Handeln. Sie wollen dieser Person helfen, sie retten oder sie vernichten, entsprechend Ihrer Überzeugung. Überzeugung bedeutet nicht, dass Ihre Wahrnehmung richtig ist, auch wenn Sie das Gefühl haben, sie sei es.

Wenn wir eine Rose betrachten, sind wir davon überzeugt, dass es eine Rose *ist*. Das ist eine Überzeugung, was nicht bedeutet, dass die Überzeugung gerechtfertigt ist. Überzeugungen sind aber oft die Basis unserer Handlungen. Sie haben die Funktion, Zweifel zu zerstreuen. In der Liste der einundfünfzig geistigen Gebilde gilt Zweifel als unheilsam. Meines Erachtens müsste Zweifel der Liste der unbestimmten geistigen Gebilde zugeordnet werden, denn Zweifel ist manchmal sehr hilfreich. Wenn Sie nicht zweifeln, können Sie die Soheit dessen, was ist, nicht entdecken. Im Zen-Buddhismus heißt es, je größer der Zweifel, desto größer die Erleuchtung. Von daher kann Zweifel etwas sehr Gutes sein. Sind Sie zu sicher, haben Sie immer feste Überzeugungen, dann können Sie sich für lange Zeit in Ihren falschen Wahrnehmungen verfangen.

Achtsamkeit

Im Chinesischen setzt sich das Wort »Achtsamkeit« aus den Zeichen für »jetzt« und »Geist« zusammen. Das Sanskrit-Wort heißt *smrti*. Die erste Bedeutung von *smrti* ist »sich erinnern«. Achtsamkeit zu praktizieren bedeutet, sich daran zu erinnern, sich zu erinnern. Achtsamkeit ist die Art der Energie, die uns hilft, uns dessen bewusst zu sein, was geschieht. Wenn Sie etwas Gutes tun, dann wissen Sie, dass Sie etwas Gutes tun. Tun Sie etwas, das Sie hinterher vielleicht bereuen, dann wissen Sie: »Ich bin mir bewusst, dass ich etwas tue, was ich später bereuen werde.« Achtsamkeit ist in Ihnen. Der

Samen der Achtsamkeit ist da, und es hängt von Ihrer Übung und Ihrem Eifer ab, ob er noch schwach ist oder bereits kräftig und stark.

Wir müssen richtige von falscher Achtsamkeit unterscheiden. Um welche Art der Achtsamkeit es sich handelt, hängt vom Objekt der Achtsamkeit ab und dem, wie Sie mit der Achtsamkeit umgehen. Richten Sie Ihre Achtsamkeit nur auf negative Dinge, auf Objekte Ihrer Begierde oder Ihrer Wut, und verlieren Sie dann Ihre Souveränität, so ist das falsche Achtsamkeit, negative Achtsamkeit. Je mehr Sie Ihren Geist auf den Menschen, den Sie hassen, fokussieren, desto mehr werden Sie ihn hassen. Richtige Achtsamkeit bedeutet, zum Ein- und Ausatmen zurückzukehren und sich der Wut bewusst zu werden, sich bewusst zu werden, dass die Wut zu Leiden führen wird und zwar bei einem selbst und bei der anderen Person. Das ist richtige oder rechte Achtsamkeit: sich um die Wut kümmern und nicht alle Aufmerksamkeit auf die Person richten, die man für die Ursache der Wut hält. So unterscheiden wir zwischen richtiger und falscher Achtsamkeit.

Konzentration

Konzentration, *samadhi*, ist das vierte spezielle geistige Gebilde. Lauschen wir einer Glocke, können wir das auf tiefe Weise tun. Durch unsere Übung können wir immer tiefer und tiefer lauschen. Wir laden alle Zellen unseres Körpers ein, an diesem Lauschen teilzuhaben, nicht nur unser Gehirn oder unsere Nerven. Wir sind eine Zellengemeinschaft, und wir fokussieren uns vollkommen auf das Hören. Der Buddha sprach in diesem Zusammenhang von *sarvakaya*, der Gesamtheit des Körpers. Dies ist das vierte spezielle geistige Gebilde, die Konzentration.

Was auch immer wir mit Absicht tun, wir können all unsere Zellen einladen, daran teilzuhaben. Und wenn Sie dies in tiefer Weise tun, dann verhält sich jede Zelle wie der gesamte Körper. Jede Zelle wird der ganze Körper. Es gibt keine Trennung mehr zwischen dieser Zelle und jener. Billionen Zellen verhalten sich wie eine. Das ist Konzentration. Achtsamkeit trägt die Energie der Konzentration bereits in sich. Natürlich verfügen Sie über Konzentrationsfähigkeit, aber die Kraft Ihrer Konzentration unterscheidet sich von der eines anderen Menschen. Wenn Sie in Ihrer Übung fortfahren, wird Ihre Konzentration immer kraftvoller, allein schon, indem Sie der Glocke ganz lauschen. Können Sie alle Zellen Ihres Körpers einladen, Sie dabei zu begleiten, und Sie lauschen als ein Organismus und nicht nur mit Ihrem Intellekt, dann wird die Situation sich sehr verändern.

Wenn wir in der Meditation sehr konzentriert sind, dann hören, sehen oder schmecken wir nicht mehr. Die fünf Formen des Sinnesbewusstseins enden, weil die Konzentration des Geistbewusstseins sehr stark geworden ist und alleine wirkt. Doch in unserem täglichen Leben arbeitet das Geistbewusstsein oft mit den Formen des Sinnesbewusstseins zusammen. Stellen Sie sich vor, Sie besuchen eine Ausstellung und betrachten ein Kunstwerk und sind vollkommen darin versunken – es ist so faszinierend und wunderschön, und Ihr

Geistbewusstsein ist vollständig absorbiert davon. Die Menschen hinter Ihnen reden und unterhalten sich, aber Sie hören das nicht. Ihre Energie ist gesammelt und in eine Richtung fokussiert.

Doch ist Konzentration als solche nicht notwendigerweise positiv. Sind Sie auf ein Objekt Ihrer Begierde konzentriert, kann Sie das verrückt machen. Sind Sie auf ein Objekt Ihrer Wut konzentriert, kann Sie das verrückt machen. Doch wenn Sie auf die Wahrheit des Nicht-Selbst, die Unbeständigkeit konzentriert sind, dann wird Ihre Konzentration eine befreiende Wirkung haben. Darum müssen wir zwischen richtiger und falscher Konzentration unterscheiden.

Einsicht

Konzentration und Achtsamkeit ermöglichen das fünfte spezielle geistige Gebilde. Richtige oder rechte Einsicht, *prajña* genannt, hat die Kraft der Befreiung, sie bringt Mitgefühl und Verstehen hervor. Falsche Einsicht ist eine Form der Bejahung, die das Gegenteil der Wahrheit sein kann. Sie glauben, etwas sei wahr; Sie sind so sicher, dass es die Wahrheit ist. Sie glauben, der andere sei der Feind. Sie glauben, er sei böse, und um Ihrer eigenen Sicherheit und Ihres Glücks willen müssen Sie ihn vernichten. Diese Art der Gewissheit ist eine falsche Einsicht. Und viele von uns haben falsche Einsichten, falsche Wahrnehmungen, die ihnen als Grundlage ihrer Handlungen und Entscheidungen dienen. Darum ist es so wichtig, richtige von falschen Einsichten zu unterscheiden.

Wir haben einige Ideale, und wir sind uns ihrer sehr sicher. Wenn jemand dann zu uns sagt: »Denk doch noch einmal nach«, dann kann uns das vielleicht helfen innezuhalten, und wir haben noch eine Chance. Sich einer Sache zu sicher sein ist sehr gefährlich, vor allem wenn Sie eine gesellschaftlich bedeutende Position innehaben und Ihre Entscheidungen Auswirkungen auf das Leben vieler Menschen haben.

Ärzte müssen sehr aufpassen, denn falsche Diagnosen können zum Tod von Menschen führen. Einige haben mir erzählt, dass ihnen in ihrem Studium immer wieder gesagt wurde, die Dinge stets noch ein zweites Mal zu prüfen, selbst wenn man sich ganz sicher fühlen würde. Diese Empfehlung gilt umso mehr für diejenigen von uns, die Achtsamkeit praktizieren wollen. Manchmal sind wir uns unserer Wahrnehmungen zu sicher. Unsere Wut, unsere Angst, unsere Verzweiflung, unser Hass sind aus falschen Wahrnehmungen heraus entstanden. Schreiben Sie auf ein Blatt Papier »Bist du sicher?«, und hängen Sie es in Ihr Büro oder Ihre Wohnung. Das ist eine Glocke der Achtsamkeit. Prüfen Sie immer wieder Ihre Wahrnehmungen, und seien Sie sich nie zu sicher.

Wahrnehmung und Wirklichkeit

In unserem Speicherbewusstsein haben wir direkten Zugang zur Wirklichkeit, zur Soheit. An der Wurzel, im Speicher, liegt die grundlegende Weisheit, die in jeder und jedem von uns ist und die die Wirklichkeit direkt zu berühren vermag. Das Speicherbewusstsein hat Zugang zu allen Informationen, zur Gesamtheit aller Samen. Doch oftmals haben wir bei einer Sinneserfahrung bereits ein Gefühl der Anziehung oder Abneigung, das auf früheren Erfahrungen beruht. Wir klassifizieren die Dinge entsprechend der Schubladen, die wir in unserem Speicherbewusstsein haben.

Unsere Wahrnehmung basiert gewöhnlich auf dem Boden unserer vorausgegangenen Erfahrungen. Wir haben in der Vergangenheit eine Erfahrung gemacht, vergleichen sie mit dem, was uns im gegenwärtigen Moment begegnet, und haben das Gefühl, dass wir es wiedererkennen. Wir färben die Information in den Farben, die wir bereits in uns haben. Und darum haben wir meistens keinen direkten Zugang zur Wirklichkeit.

Es gibt Austern, die auf dem Grund des Meeres leben. Nur wenig von dem Licht, an dem wir uns erfreuen können, dringt zu ihnen. Darum können die Austern das blaue Meer nicht sehen. Wir Menschen gehen über diese Erde. Wenn wir nach oben schauen, sehen wir die Sterne, die Sternbilder, den Mond, den blauen Himmel, und wenn wir nach unten schauen, sehen wir das blaue Meer. Wir glauben, den Austern überlegen zu sein, und haben den Eindruck, wir sähen und hörten alles. Doch tatsächlich sind wir eine Art Auster. Wir haben nur zu einem sehr begrenzten Bereich der Soheit Zugang.

Ein Großteil unserer Unfähigkeit, die Wirklichkeit zu berühren, entstammt unserer Unwissenheit über das Selbst, *atma avidya*. Wir sehen nicht, dass das Selbst nur aus Nicht-Selbst-Elementen besteht. Da wir der Idee eines Selbst anhaften, entwickeln wir viele irrige Vorstellungen über uns, halten uns anderen gegenüber für überlegen, für unterlegen oder ihnen genau gleich. Wir verstricken uns in Selbstliebe, *manas*. Das *manas*-Bewusstsein wird von daher auch als »der Liebhaber« oder »der Liebende« bezeichnet; es ist ein Liebhaber mit vielen Illusionen, die als Grundlage der Anhaftung dienen. Diese Liebe zum Selbst erschwert es uns, die Wirklichkeit genau zu sehen. Wenn Sie in jemanden verliebt sind, dann lieben Sie diese Person nicht wirklich. Sie erschaffen ein Bild, und Sie lieben dieses Bild. Das Objekt unserer Liebe ist nicht das Ding-an-sich, *svalakshana*. Es ist eine geistige Repräsentation, ein Abbild der Wirklichkeit und nicht die Wirklichkeit-an-sich, ob wir nun einen Berg betrachten, Paris, einen Stern oder einen anderen Menschen. Normalerweise haben wir es nur mit Repräsentationen zu tun, mit *samanya*.

Manas lebt im Bereich der Illusion. Doch haben das Geistbewusstsein, das Sinnesbewusstsein sowie das Speicherbewusstsein das Vermögen, die Wirklichkeit-an-sich zu berühren. Das erfordert im Allgemeinen Übung, denn viele von uns haben diese Fähigkeit verloren. Die gute Nachricht ist, dass wir durch die Übung der Achtsamkeit diese Fähigkeit wiedererlangen können.

Sinnesbewusstsein kann die Wirklichkeit oft direkt berühren. Unser Seh-, Hör-, Riech-, Schmeck- und Tastbewusstsein verwendet keine Analyse und keine Schlussfolgerungen. Der direkte Modus der Erkenntnis wird *pratyeksha pramana* genannt. Wenn Sie eine Wolke betrachten, müssen Sie nicht darüber nachdenken oder grübeln. Sie müssen nicht schlussfolgern oder herleiten. Sie wissen einfach.

Unser Geistbewusstsein kann auch die Wirklichkeit direkt berühren und zwar durch logisches Denken, *anumana pramana*. Unser Geist kann diskursiv denken, Schlussfolgerungen ziehen, deduzieren und induzieren. Wenn Sie von weitem aufsteigenden Rauch sehen, dann werden Sie schlussfolgern, dass da ein Feuer ist, denn ohne Feuer könnte es keinen Rauch geben.

Doch die direkte Wahrnehmung kann manchmal auch nicht korrekt sein. Manchmal vermeinen wir etwas zu hören, das Weinen eines Babys zum Beispiel, aber es ist tatsächlich eine Katze. Aufgrund unserer vorgefassten Meinungen und Vorstellungen kann uns das Sinnesbewusstsein in die Irre führen. Indirekte Wahrnehmung, Schlussfolgern, ist ebenfalls oft inkorrekt.

Wissen ist ein Hindernis für Wissen

Oftmals stellt unser eigenes Wissen das größte Hindernis dafür dar, die Soheit zu berühren. Darum ist es so wichtig zu lernen, wie man die eigenen Sichtweisen loslassen kann. Wissen ist ein Hindernis für Wissen. Sind Sie sehr dogmatisch in Ihrer Denkweise und Ihren Ansichten, dann ist es sehr schwer für Sie, neue Einsichten zu gewinnen, neue Theorien und ein neues Verständnis der Welt zu entwickeln. Der Buddha riet, seine Lehre als Floß aufzufassen, das uns hilft, das andere Ufer zu erreichen. Das Floß brauchen Sie, um den Fluss zu durchqueren und das andere Ufer zu erreichen. Sie brauchen kein Floß, das Sie verehren oder auf Ihren Schultern mit sich herumtragen müssen, zeigend, wie stolz Sie darauf sind, im Besitz der Wahrheit zu sein.

Der Buddha sagte, dass wir uns selbst des Dharma entledigen müssten, um wie viel mehr des Nicht-Dharma. Manchmal ging er noch weiter und verglich seine Lehren mit einer gefährlichen, giftigen Schlange. Wenn wir nicht mit ihr umzugehen wissen, dann wird sie uns beißen.

Eines Tages sagte ein Zen-Meister vor einer Versammlung: »Liebe Freundinnen und Freunde, ich reagiere allergisch auf das Wort ›Buddha‹.« Nach diesem ersten Satz wissen wir, dass er nur ein Zen-Meister sein kann, wenn er in so drastischer Weise über den Buddha spricht. »Immer wenn ich das Wort ›Buddha‹ aussprechen muss, gehe ich zum Fluss und spüle meinen Mund dreimal aus.« Das verwirrte viele Menschen, denn er war ein buddhistischer Lehrer. Er hatte den Buddha zu preisen. Glücklicherweise war unter den Versammelten eine Frau, die ihn verstand. Sie stand auf und sagte: »Lieber Lehrer, jedes Mal, wenn ich Sie das Wort ›Buddha‹ aussprechen höre, muss ich zum Fluss gehen und meine Ohren dreimal ausspülen.« Das ist ein buddhistisches Beispiel für einen guten Lehrer und eine gute Schülerin!

Die drei Bereiche der Wahrnehmung

Der Buddha sagte:

Alle zusammengesetzten Dinge sind wie ein Traum.
Ein Phantom, ein Tautropfen, ein Blitz.
So meditiert man über sie,
so betrachtet man sie.

Im Buddhismus sprechen wir von drei Objektarten, die wir wahrnehmen können, oder drei Bereichen der Wahrnehmung. Die erste Objektart wird der Bereich der Wirklichkeit-an-sich genannt. Unsere Augen, unsere Ohren, unsere Nase und so weiter haben die Fähigkeit, die Dinge-an-sich zu berühren, auch wenn wir im täglichen Leben selten in diesem Bereich operieren.

Der zweite Bereich ist der Bereich der Abbilder. Aufgrund unseres Greifens nach der Wirklichkeit verlieren wir sie und erfahren nur die Repräsentationen der Wirklichkeit, die Welt der Repräsentationen. Wir machen uns Vorstellungen über die Wirklichkeit eines anderen Menschen. Wir haben Vorstellungen darüber, wie die andere Person ist, doch unsere Vorstellungen sind lediglich Vorstellungen und nicht die Wirklichkeit-an-sich. Wir benutzen Begriffe und Ideen, um die Wirklichkeit zu erfassen. Betrachten wir einen Tisch, so sehen wir die Vorstellung, die allgemeine, universelle »Tischheit« des Tischs. Unsere Wahrnehmung des Tischs als einer Repräsentation enthält dennoch einige Substanzialität des Dings-an-sich. Es enthält vielleicht einige zentrale Aspekte der Wirklichkeit, aber es ist nicht die Wirklichkeit-an-sich.

Der dritte Bereich der Wahrnehmungsobjekte ist die bloße Vorstellung. Wenn Sie träumen, wenn Sie sich vorstellen, was Sie sehen und fühlen, so gehört das zu diesem dritten Bereich der bloßen Vorstellung. Diese Vorstellungen sind im Speicherbewusstsein gespeichert. Sie haben einmal einen Elefanten gesehen, und das Bild dieses Elefanten ist nun in Ihrem Speicherbewusstsein. Träumen Sie nun von einem Elefanten, so entnimmt das Geistbewusstsein aus dem Speicherbewusstsein, zu dem es Zugang hat, die Vorstellung eines Elefanten, sodass das Bild des Elefanten, das Sie im Traum sehen, weder der Elefant der Wirklichkeit ist noch der Elefant der Abbilder, der Repräsentation, sondern der Elefant der bloßen Vorstellung.

Auch wenn diese bloßen Vorstellungen nicht das Ding-an-sich sind, können sie doch für die Meditation hilfreiche Instrumente sein. Visualisieren wir etwas, so nehmen wir es nicht durch unsere Sinnesorgane wahr. Dieses Etwas ist das Objekt oder Ergebnis unserer Imagination. Sie visualisieren zum Beispiel den Buddha. In bestimmter Weise ist das eine bloße Vorstellung. Aber die bloße Vorstellung des Buddha kann Ihnen bei der Konzentration helfen. Sie kann Ihnen helfen, den wirklich substanziellen Buddha zu berühren, das heißt Konzentration, Verstehen und Mitgefühl.

Es ist an Ihnen, sich einen Buddha auszuwählen und ihn oder sie zu visualisieren. Wenn Sie mit dieser Vorstellung konzentriert verweilen, können Sie Ihrem Geist Ruhe, Freude und Glück schenken. Es gibt eine Meditation, die ich bereits als Novize lernte und die das hier Gemeinte gut illustriert.

Diese Meditation geht folgendermaßen. Als Erstes sagen Sie zu sich selbst: »Der, der sich verbeugt, und der, vor dem sich verbeugt wird, sind beide von Natur aus leer.« Das bedeutet, dass ich in Buddha bin und der Buddha in mir, es gibt keine eigenständigen, abgetrennten Selbste. Das ist der Beginn der Visualisierung. Sie wollen den Unterschied, die Dualität, zwischen Ihnen und Buddha ausradieren. Und Sie brauchen dazu kein äußeres Werkzeug, keinen Radiergummi, um die Schranke zwischen Ihnen und Buddha zu entfernen. Der Geist als solcher ist ein wunderbares Werkzeug.

Die Visualisierung wird so fortgesetzt: Unser Praxiszentrum ist das Netz Indras, das alle Buddhas überall reflektiert. Das Netz Indras, wie es in buddhistischen Sutras beschrieben wird, ist ein gewaltiges kosmisches Gewebe mit kostbaren Juwelen an jeder Kreuzungsstelle der Webfäden, und jedes Juwel reflektiert alle anderen Juwelen. Betrachtet man eines, so sieht man alle. Das bedeutet, dass sich alle Buddhas im Kosmos in diesem Praxiszentrum manifestieren. Sie sehen nicht nur einen Buddha allein. Sie sehen zahllose Buddhas erscheinen.

Stellen Sie sich vor, Sie errichten einen Saal, dessen Wände nur aus Spiegeln bestehen. Sie treten mit einer Kerze in der

Hand ein. Schauen Sie in einen der Spiegel, so sehen Sie sich und die Kerze, und wenn Sie sich herumdrehen, so sehen Sie sich und die Kerze in diesem Spiegel, und Sie sehen sich und die Kerze auch in jedem anderen Spiegel reflektiert. Ein Spiegel reflektiert nicht nur einen anderen Spiegel, sondern alle Spiegel, denn jeder Spiegel reflektiert das Bild von Ihnen und der Kerze. Sie müssen nur in einen Spiegel schauen, und Sie sehen endlose Reflexionen von Ihnen und der Kerze. Es sind zahllose Spiegel und zahllose Kerzen und zahllose »Sies«.

Wenn Sie also mit dem Buddha in Berührung kommen und ihn visualisieren, so werden Sie nicht nur einen Buddha finden, sondern zahllose, die um Sie herum erscheinen. Sie visualisieren, dass vor jedem Buddha Sie sind und Erdberührungen vor dem Buddha machen. Sie können weder die Anzahl der Buddhas noch die Anzahl Ihrer selbst zählen. Es gibt keine Begrenzung. Sie löschen auch die Idee aus, dass Sie eine Wirklichkeit sind und der Buddha eine andere. Sie berühren die Natur des Interseins, und Sie können die Vorstellungen von eins und vielen, gleich und verschieden loslassen.

Das ist durchaus keine einfache Praxis. Sie ist schwieriger, als sich einfach vor einer Buddha-Statue zu verbeugen oder in Ehrfurcht die Erdberührungen zu machen. Es ist die Praxis des Interseins, und sie beginnt mit einer Vorstellung. Wenn wir also sagen, dieser Bereich der Wahrnehmung ist der Bereich »bloßer« Vorstellungen, dann sollten wir das nicht unterschätzen. Diese Übung bedarf vieler Jahre der Praxis. Aber wenn sie Ihnen dann gelingt, werden Sie sich wunderbar fühlen. Durch diese Praxis können Sie sich von der Vorstellung eines abgetrennten Selbst befreien. Die Praxis der Visualisierung ist von daher sehr wichtig im Buddhismus.

Die Mutter des Buddha

Im Avatamsaka-Sutra gibt es einen wundervollen Abschnitt, in dem beschrieben ist, wie der junge Mann Sudhana nach der Mutter des Buddha sucht. Sudhana hat bereits viele Lehrer aufgesucht, um bei ihnen zu lernen. Sein Lehrer ist der große Bodhisattva Manjushri, der seine Schüler stets ermutigt, auch von anderen Menschen zu lernen, nicht nur von erfahrenen alten Lehrern, sondern auch von jungen, nicht nur von Buddhisten, sondern auch von Nicht-Buddhisten. Eines Tages hörte Sudhana, dass er aufbrechen und die Mutter des Buddha treffen solle, da er sehr viel von ihr lernen könne. Er suchte sie überall, konnte sie aber nicht finden. Jemand sagte zu ihm: »Du musst nirgends hingehen, setz dich einfach hin, praktiziere achtsames Atmen und Visualisierung, dann wird sie kommen.« So hörte Sudhana auf, nach ihr zu suchen, setzte sich nieder und praktizierte. Da sah er plötzlich tief aus der Erde einen Lotos emporwachsen mit tausend Blütenblättern. Und auf einer dieser Blüten sah er die Mutter des Buddha, Mahamaya, sitzen. Er verbeugte sich vor ihr und erkannte plötzlich, dass er auf einem Blütenblatt desselben Lotos saß. Jedes Blütenblatt wurde zu einem ganzen Lotos mit tausend Blütenblättern. Sie sehen, das eine enthält alle.

Der Lotos hatte tausend Blütenblätter. Mahamaya saß auf einem, und plötzlich wurde dieses Blütenblatt zu einem Lotos mit tausend Blütenblättern. Er sah sich selbst, den jungen Mann, auf einem Blütenblatt sitzen und plötzlich wurde es zu einem Lotos mit tausend Blütenblättern. Er war so glücklich; er legte seine Handflächen zusammen und verbeugte sich. Und die Mutter des Buddha hob zu sprechen an: »Junger Mann, du musst wissen, der Moment, in dem ich Siddhartha empfing, war ein wunderbarer Augenblick, eine Art Segen, der mein gesamtes Sein durchdrang. Die Präsenz eines Buddha in dir ist etwas Wunderbares. Man kann nicht glücklicher sein. Nachdem Siddhartha dann in meinem Leib war, kamen zahllose Bodhisattvas aus allen Richtungen und baten mich um Erlaubnis, auch hineingehen und meinen Sohn besuchen zu können. Zahllose seiner Bodhisattva-Freunde kamen, um zu sehen, ob er es auch bequem hatte. Sie alle traten in meinen Leib ein, Millionen von ihnen. Und doch hatte ich den Eindruck, dass es auch noch genügend Platz für weitere Bodhisattvas gegeben hätte. Junger Mann, ich bin die Mutter aller Buddhas der Vergangenheit. Ich bin die Mutter aller Buddhas der Gegenwart. Und ich bin die Mutter aller Buddhas der Zukunft.« So sprach sie. Sehr schön. Sehr tief. Und das ist das Werk der Visualisierung, das Ihnen die Natur des Interseins zeigt, die Wahrheit, dass eins alles enthält. Das winzigste Atom enthält den gesamten Kosmos.

Wer ist Mahamaya, die Mutter des Buddha? Ist sie außerhalb von Ihnen, oder ist sie Sie selbst? Jeder und jede von uns trägt den Buddha in sich. Mahamaya ist diejenige, die sich dessen sehr bewusst ist. Während sie geht, während sie sitzt, ist sie sehr vorsichtig, denn sie weiß, dass sie einen Buddha in ihrem Leib trägt. Sie weiß, alles, was sie isst, alles, was sie trinkt, alles, was sie tut, jeden Film, den sie sich anschaut, all das wird eine Wirkung auf ihr Kind haben. Buddha Shakyamuni sagte: »Du bist ein Buddha. In jedem und jeder von euch ist ein Baby-Buddha.« Ob Frau oder Mann, Sie tragen einen Buddha in sich.

Wir sind aber in unserem Essen, Trinken, Rauchen, uns Sorgen, Projizieren und so weiter nicht so umsichtig und vorsichtig wie Mahamaya. Wir sind keine verantwortliche Mutter des Buddha. Aber wie bei Mahamaya so ist auch in uns ausreichend Platz, nicht nur für einen Buddha, sondern für zahllose Buddhas. Wir können wie Mahamaya sagen, dass wir die Mutter aller Buddhas der Vergangenheit sind. Wir können die Mutter aller Buddhas in der Gegenwart sein. Und werden wir die Mutter aller zukünftigen Buddhas sein können?

Ist Mahamaya eine objektive Realität außerhalb von uns? Oder ist sie in uns? Wenn Sie visualisieren, dass Sie die Mutter des zukünftigen Buddha sind, werden all Ihre Minderwertigkeitsgefühle verschwinden. Sie können mit der Verantwortung einer Mutter des Buddha handeln, sodass der Buddha sich in Ihnen manifestieren kann, für Sie selbst und für die Welt. Von daher ist die Visualisierung ein sehr wichtiges Werkzeug. Visualisierung kann uns helfen, all unsere falschen Wahrnehmungen auszulöschen, sodass sich die Wirklichkeit in uns selbst klar enthüllen kann.

Bereiche der Wahrnehmung in Träumen und im Bereich der Kreativität

In Träumen sind Sie meist im Bereich der bloßen Vorstellungen. Sie benutzen nicht Ihre Augen, Ohren, Nase oder Zunge. Doch Sie sehen, hören und sprechen im Traum. Sie sehen Freundinnen und Freunde, und Sie sehen die seltsamsten Lebewesen. Sie sehen vielleicht einen Krieg, Bomben, die fallen. Sie sehen Menschen sterben. Sie können sogar jemanden küssen oder lieben, doch da ist niemand, keine Wirklichkeit, noch nicht einmal sind da Repräsentationen, Abbilder. Aber Sie halten den Traum für wahr, für etwas sehr Wirkliches, denn Sie weinen und lachen und reagieren auf vielfältige Weise. Verzweiflung, Hass, Zorn – all diese geistigen Gebilde stellen sich im Traum ein, wenn Sie Dinge sehen, hören, wahrnehmen.

Doch betrachten Sie es genau, können Sie erkennen, dass manchmal auch die Bereiche der Abbilder und der Wirklichkeit-an-sich während des Traums intervenieren. Wenn Sie in einem sehr warmen Raum schlafen, träumen Sie vielleicht davon, in eine Bäckerei zu gehen. Oder Sie träumen davon, in eiskaltem Wasser zu baden, wenn es sehr kalt ist. Das Bild des Schwimmens in eiskaltem Wasser entstammt also nicht nur dem Bereich der bloßen Vorstellungen, sondern auch dem Bereich der Wirklichkeit.

Wenn Sie mit jemandem in einem Bett schlafen und er oder sie legt seinen Kopf oder seine Hand auf Ihren Körper, so träumen Sie vielleicht von einem Geist, der auf Ihnen sitzt, und Sie versuchen, sich von dem Geist zu befreien. Das Bild des Geistes hat also etwas mit dem Körper der anderen Person zu tun. Im Traum haben Sie vielleicht Sex mit jemandem und, wenn Sie ein Mann sind, verlieren Sie möglicherweise Samenflüssigkeit. Sie wachen auf und entdecken es.

Die drei Bereiche der Wahrnehmung sind miteinander verbunden. Der Bereich der Abbilder erwächst aus dem Bereich der Wirklichkeit und hat einiges von dessen Substanzialität. Und der Bereich der bloßen Vorstellungen erwächst aus dem Bereich der Abbilder und dem Bereich der Wirklichkeit, und er kann auch einiges von deren Substanzialität haben.

Im Bereich der bloßen Vorstellungen gibt es zwei Arten von Vorstellungen: solche mit Substanz und solche ohne. Stellen Sie sich vor, dass Sie in Ihrem Traum sehen, wie sich Ihre Freundin, die Sie sehr gut kennen, mit Ihnen unterhält. Das ist eine bloße Vorstellung mit Substanz. Doch in Ihrem Traum sehen Sie auch eine Person, die Sie nie zuvor getroffen haben, und diese Person ist vielleicht die Kombination verschiedenster Elemente von hier und dort. Sie sehen vielleicht einen Elefanten. Dieser Elefant in Ihrem Traum ist die Reproduktion eines Elefanten, eine Vorstellung. Doch gleicht er sehr dem realen Bild eines Elefanten, das Sie sehen, wenn Sie wach sind. Einmal angenommen, Sie sehen einen fliegenden Elefanten, dann ist das eine Kombination. Sie nehmen etwas von hier, Sie nehmen etwas von dort und schaffen eine Kreation des Geistes, indem Sie Ihre Freiheit, Ihre Fantasie und ein Bild aus dem Bereich der Abbilder benutzen.

Als Künstler, Malerin, Dichter, Architektin brauchen Sie ein großes Maß an Imaginationskraft. Sie benutzen den Bereich der Abbilder und den Bereich der Wirklichkeit, um etwas zu schaffen, das bislang noch nicht existierte. Was Sie erschaffen, hängt sehr stark von Ihrem Visualisierungs- und Imaginationsvermögen ab. Als Architektin zeichnen Sie einen Grundriss nicht stets nur auf altbekannte Weise. Sie müssen sich neue Formen des Bauens vorstellen. Das Geistbewusstsein hat die Fähigkeit, schöpferisch zu sein und etwas zu erschaffen, nicht nur Kunstwerke, sondern die Welt, in der wir leben.

Die vier reflektierenden Untersuchungen

Wenn Sie über Paris sprechen, schaffen Sie in Ihrem Geist eine Vorstellung von Paris. Doch wir können tiefer in Vorstellungen und Abbilder hineinschauen, um die Wirklichkeit in ihnen zu berühren. Um das zu tun, müssen wir die Natur der Namen, die wir den Dingen geben, näher untersuchen. Im Buddhismus kennt man eine Praxis, die die vier reflektierenden Untersuchungen genannt wird, die vier *paryesana*. Untersuchung bedeutet hier nicht, geistig-intellektuell vorzugehen, sondern mit den Dingen in Berührung zu kommen und zu sehen, wie sie wirklich sind. Wenn wir tief schauen und uns nicht von den Namen der Selbste und Dinge täuschen lassen, dann entdecken wir deren wahre Natur. Wenn wir in die Wirklichkeit eines Dings mit einem bestimmten Namen hineinschauen, dann sollten wir es so sehen, wie es ist, und uns nicht nur Vorstellungen darüber machen. Wir üben uns darin, uns nicht von dem Namen beeinflussen zu lassen, denn wenn wir uns darin verfangen, sehen wir nicht die Wirklichkeit.

Wenn Sie das Wort »Wolke« hören, so bringt der Klang »Wolke« ein Bild, ein Zeichen, eine Form mit einer Farbe in Ihnen hervor, doch der Klang »Wolke« kann auch Gefühle und Gedanken hervorbringen. In den Lehren heißt es, wenn eine Bodhisattva einen Namen betrachtet, ihn untersucht, dass sie dann nur den Namen sieht: den Namen nur als Namen.

Im *Milindapañha* fragt der König Milinda den Mönch Nagasana: »Ist das Bewusstsein des Embryos im Bauch der Mutter dasselbe Bewusstsein wie das des Menschen, der stirbt?« Das Bewusstsein eines Sterbenden wird *kuskuti*-Bewusstsein genannt. Das Bewusstsein eines Menschen, der geboren wird, heißt *pratisamni*-Bewusstsein. Sind sie das gleiche Bewusstsein, oder sind sie verschieden? Die Frage von Gleichheit und Verschiedenheit entsteht. Ist sie dieselbe Person wie die, die zuvor gestorben ist, oder ist sie eine andere Person? Das ist die Frage, die der König Milinda stellte. Und Nagasana sagte: »Stellen Sie sich selbst als dreimonatigen Säugling, als ein kleines, zartes Baby vor. Sind Sie heute dieselbe Person wie dieses Baby? Sie werden sagen, nein. Jetzt bin ich erwachsen, sehr mächtig, sehr robust. Ich bin nicht der Gleiche. Doch sind Sie eine andere Person, ist Ihr Bewusstsein verschieden? Nein, werden Sie sagen, ich bin keine andere Person, denn ohne den Säugling könnte ich jetzt kein König sein.« Die Antwort ist also, dass sie zwar nicht die Gleichen sind, dass sie aber auch keine zwei verschiedenen Dinge sind. Die Antwort, die der Buddha gab, lautet: Verfangen Sie sich nicht in der Vorstellung der Gleichheit und nicht in der Vorstellung der Verschiedenheit. Sie haben denselben Namen, jetzt und als Baby, doch nur der Name bleibt der gleiche. Sie entwickeln sich Ihr ganzes Leben lang, und so sind Sie verschieden von dem, der sie waren. Geburt und Tod geschehen in jedem Augenblick. Wir betrachten die Wirklichkeit nicht unter den Aspekten der Gleichheit und Verschiedenheit, und wenn wir Wiedergeburt auf diese Weise verstehen, sind wir im Einklang mit buddhistischem Denken.

Einmal brachte eine Frau einen Topf Milch zu ihrer Nachbarin und sagte: »Bitte bewahre diese Milch für mich auf. Ich werde für eine Stunde weg sein, dann hole ich den Topf wieder ab.« Doch sie blieb viele Tage fort und als sie zurückkehrte, war aus der Milch Yoghurt geworden. Und sie sagte: »Nein, nein, das gehört mir nicht. Ich habe dich gebeten, Milch für mich aufzubewahren, doch nun gibst du mir Yoghurt.« Sie sah nicht die Wahrheit. Milch und Yoghurt sind nicht das Gleiche, aber sie sind auch nicht vollkommen unterschiedliche Dinge.

Die erste reflektierende Untersuchung: der Name

Die erste Untersuchung gilt dem Namen oder dem Wort, *nama paryesana*. Wir untersuchen den Namen oder die Bezeichnung eines Dinges, denn sie können Vorstellungen, Gedanken und Gefühle hervorrufen. Jeder und jede von uns hat einen Namen. Bei vielen von uns hat sich der Name nicht geändert, doch wir haben uns sehr verändert. Es gibt also eine Kluft zwischen Namen und Wirklichkeit. Wir glauben gewöhnlich, da der Name sich nicht ändert, sei auch die Wirklichkeit gleichgeblieben. Der Name kann aber täuschen. Sobald wir einen Namen hören, haben wir den Eindruck, wir kennen das so Bezeichnete.

Wenn Sie »Christentum« sagen, glauben Sie zu wissen, was Christentum ist. Sie kennen den Namen, und Sie glauben, dass Sie damit auch die Wirklichkeit des Christentums kennen. Allein schon den Namen zu hören bringt ein Gefühl, eine Vorstellung und Idee über das Christentum mit sich. Wir müssen vorsichtig sein, wenn wir einen Namen benutzen. Die Wirklichkeit, die mit diesem Namen einhergeht, ist vielleicht nicht die Wirklichkeit des Dings-an-sich.

Hören wir das Wort »Islam«, haben wir Ideen und Gefühle. Weil wir meinen, wir verstünden den Namen, glauben wir, wir verstünden die Wirklichkeit des Islam. Doch vielleicht sind unsere Vorstellungen über den Islam von der Wirklichkeit auch sehr weit entfernt. Wenn Ihnen jemand eine Person beschreibt und sagt: »Sie ist Französin«, dann erweckt das Wort »Französin« in Ihnen sofort eine Vorstellung, ein Gefühl. Dabei ist es nur eine Bezeichnung.

Hören wir das Wort »Terrorist«, denken viele von uns automatisch an jemanden, der kein Herz hat, der böse ist und uns jederzeit töten würde. Es ist eine Übereinkunft, dass ein Terrorist ein vollkommen anderer Mensch ist: Er könnte nicht Sie sein. Doch wenn wir uns die Wirklichkeit genau anschauen, können wir erkennen, dass wir diejenigen sind, die den Terror in uns und unserem Umfeld erschaffen. Doch wir unterscheiden zwischen Terroristen und Nicht-Terroristen und meinen, wir selbst gehörten zu den Nicht-Terroristen. Wenn wir die Wahrheit untersuchen, sehen wir, dass es anders ist.

Ein Name, eine Bezeichnung, kann sehr gefährlich sein. Wenn wir die Natur der Wirklichkeit berühren, während wir ein Wort untersuchen, müssen wir erkennen, dass es nur ein Wort ist, und uns davon nicht täuschen lassen. Namen und Worte bringen sehr schnell Gefühle, Emotionen und Vorstellungen von Unterschiedlichkeiten mit sich. Wenn uns dies bewusst ist, werden wir wissen, wie wir uns nicht in Namen und Worten verfangen.

Die zweite reflektierende Untersuchung: die Bedeutung des Wortes

Die zweite reflektierende Untersuchung, *vastu paryesana*, bezieht sich auf die Bedeutung des Wortes in Bezug auf Ich, Selbst und Ding. Vater, Tochter, Buddha, Sokrates, Saddam Hussein, Jacques, Sie, ich, wir alle werden Selbst genannt, und jedes Selbst hat einen Namen.

1966 war ich mit vielen anderen Menschen auf einer Friedensdemonstration in Philadelphia. Ein Reporter stellte mir die Frage: »Sind Sie aus dem Norden oder aus dem Süden Vietnams?« Nord und Süd sind Namen. Dies war eine Friedensdemonstration, Ausdruck eines starken Wunsches, den Krieg in Vietnam zu beenden. Ich sah, dass dieser Reporter zwei Schubladen in seinem Geiste hatte und er mich in eine stecken wollte. Wenn ich sagte, dass ich aus dem Norden käme, würde er mich für einen Pro-Kommunisten halten und glauben, mit meiner Präsenz auf dieser Demonstration unterstütze ich den Kommunismus. Sagte ich, ich käme aus dem Süden, dann würde er mich für einen Anti-Kommunisten halten. Als jemand, der Zen-Meditation praktizierte, wusste ich, wie gefährlich es war, eine Antwort zu geben. Wie immer ich antwortete, ob Nord oder Süd, er würde sich nur noch tiefer in seine Vorstellungen und Ideen verstricken. Daher lächelte ich und sagte: »Ich komme aus dem Zentrum.« Es gibt eine Region, die Zentral-Vietnam heißt, von daher sprach ich die Wahrheit. Er fühlte sich beschämt, denn er hatte geglaubt, dass es nur zwei Alternativen gäbe – ich musste entweder aus dem Norden oder dem Süden kommen. Jetzt war er verwirrt, denn er war sich seiner selbst nicht mehr sicher. Nun hatte er die Chance, nach der Wahrheit zu suchen.

Zu Beginn des Irakkrieges sagte Präsident Bush: »Entweder ihr seid auf unserer Seite oder ihr seid auf Seiten der Terroristen.« Es bedeutete ganz klar, dass man als Feind angesehen und vernichtet werden musste, wenn man nicht auf seiner Seite stand. Es bedeutete, dass es nur Terroristen und Antiterroristen gab, und natürlich glaubte Bush, auf Seiten der Antiterroristen zu sein. Er war von seiner edlen Mission, der Welt Frieden und Zivilisation zu bringen, überzeugt. Eine solch starke Überzeugung gibt eine Menge Energie. Doch wir wissen, es ist sehr gefährlich, sich in Worten zu verfangen und sich in dem Glauben zu sicher zu sein, man wisse schon, wie die Dinge sind. Wir sind immer bereit, die Dinge mit Namen und Konzepten zu belegen, die wir bereits kennen.

Die dritte reflektierende Untersuchung: konventionelle Bezeichnung

Die dritte reflektierende Untersuchung wird *svabhava prajñapati paryesana* genannt. *Prajñapati* bedeutet »konventionelle Bezeichnung«, das heißt, dass wir mit anderen darin übereinstimmen, wie wir etwas nennen. So ist zum Beispiel eine Geburtsurkunde eine konventionelle Bezeichnung. Wir sind uns einig, dass eine Geburtsurkunde ein Zertifikat ist, das die Geburt eines Kindes an einem bestimmten Tag bezeugt. Doch wenn wir tiefer schauen, erkennen wir, dass es keine Geburt gibt, dass das Kind nur die Fortführung des Vaters, der Mutter, der Ahnen ist. Das Kind ist nur ein neuer Beginn, ein frischer Start. Daher ist Geburt eine konventionelle Bezeichnung: Wir alle sind uns darüber einig, aber wir verfangen uns nicht mehr in der Vorstellung von Geburt.

Wenn wir Sitzmeditation praktizieren, so sind wir alle davon überzeugt und stimmen darin überein, dass die Richtung über unserem Kopf »oben« heißt und die andere »unten«. Das ist sehr praktisch. Doch in Bezug auf die Wahrheit sollten wir uns nicht in Vorstellungen von »oben« und »unten« verfangen, denn unsere japanischen Freundinnen und Freunde, die auf der anderen Seite der Erde Zazen üben, sitzen so wie wir, doch würden sie nicht mit uns darin übereinstimmen, dass ihr Oben unser Oben ist – in Wirklichkeit ist es ihr Unten – und ihr Oben ist unser Unten.

Stellen Sie sich vor, Sie haben einen Stock. Wir nennen die eine Seite rechts, die andere links. Nehmen wir an, Sie mögen die rechte Seite nicht und wollen sie loswerden. So schneiden

Sie die rechte Seite ab, doch noch während Sie das tun, wird ein anderer Teil des Stocks zur rechten Seite. Selbst wenn die Entfernung zwischen rechter und linker Seite nur ein Nanometer wäre, gäbe es immer noch eine rechte und eine linke Seite. Links und rechts sind keine Wirklichkeiten, sie sind konventionelle Bezeichnungen.

Sind Sie Sohn, so sind Sie nicht Vater. Doch es kann den Sohn nur geben, wenn es einen Vater gibt. Sie glauben, der Sohn sei etwas vollkommen vom Vater Verschiedenes, der Sohn könne außerhalb des Vaters existieren. Doch das ist nicht der Fall. Und eines Tages bekommen Sie als Sohn selbst einen Sohn und werden zum Vater. Vater und Sohn sind also nur konventionelle Bezeichnungen, und sie hängen in ihrer Existenz voneinander ab. Es ist, wie wenn sich drei Schilfrohre aneinanderlehnen, um aufrecht zu stehen. Wenn Sie eines wegnehmen, knicken die beiden anderen sofort um.

Ich, Selbst und Dinge sind konventionelle Bezeichnungen. Sie sind keine wirklichen Entitäten, die aus sich selbst heraus existieren. Es ist in Ordnung, den Buddha »Buddha« zu nennen. Es ist in Ordnung, Osama Bin Laden »Osama Bin Laden« zu nennen. Doch wir sollten wissen, dass der Buddha nur aus Nicht-Buddha-Elementen besteht und Bin Laden nur aus Nicht-Bin-Laden-Elementen. Das Gleiche gilt für George W. Bush. Wenn wir George W. Bush näher untersuchen, sehen wir, woraus er gemacht ist. Wir erkennen seinen evangelikalen sowie den geografischen, kulturellen und religiösen Hintergrund. Solange Sie all dies nicht gesehen haben, so lange haben Sie George W. Bush nicht gesehen. Sobald Sie verstanden haben, woraus jemand »gemacht« wurde, verstehen Sie, dass es nur eine konventionelle Bezeichnung ist, wenn wir jemandem einen Namen oder einen Titel, beispielsweise Präsident, geben.

Die dritte Untersuchungsebene bringt uns zur Natur des wechselseitigen Miteinander-Verbundenseins, des Interseins. Beim Betrachten einer Blume können wir sehen, dass sie nur aus Nicht-Blume-Elementen besteht. Ein anderer Name für Intersein ist wechselseitige Durchdringung. Alles enthält alles andere; jedes durchdringt jedes andere. Schauen wir eines an, so sehen wir die Gegenwart von vielem, von allem.

Wir wissen, dass der menschliche Körper aus Millionen von Zellen besteht. Eine Zelle enthält alle Zellen, und sie trägt die Gesamtheit unseres genetischen Erbes in sich. Wir können sie eine einzelne individuelle Zelle nennen unter der Bedingung, dass wir ihre Natur des Interseins verstehen. Mit anderen Worten, wir müssen den Begriff »einzelne Zelle« als konventionelle Bezeichnung begreifen.

Der Buddha sprach unsere Sprache und benutzte konventionelle Bezeichnungen. Er fragte seinen Schüler Ananda: »Ananda, möchtest du gern mit mir auf den Gridhrakuta-Berg gehen?« Er benutzte die Worte »du« und »mir«, aber war nicht darin verfangen. Er wusste, dass diese Begriffe nur konventionelle Bezeichnungen sind. Das Wort »Natur«, selbst die Begriffe »Natur des Interseins« oder »Natur des Miteinander-Verbundenseins« sind konventionelle Bezeichnungen. Wir könnten dies die »Nicht-Natur Natur« nennen, um uns weder in der Idee zu verfangen, dass alles die Natur des Interseins, die Natur des Miteinander-Verbundenseins, habe, noch uns in einer Vorstellung von »Natur«, einer sogenannten Entität »Natur«, zu verstricken. Darum ging der Buddha einen Schritt weiter und sprach von der »Nicht-Natur Natur«. In den buddhistischen Schriften findet sich der Ausdruck »Nicht-Natur«, um die Natur von allem zu bezeichnen. Das Wort »Natur«, das wir im Buddhismus verwenden, ist aber auch eine konventionelle Bezeichnung. Weil unser Geist die Dinge immer ergreifen will, ist es wichtig, Lehren auf eine Weise aufzunehmen, bei der wir uns nicht in ihnen verfangen.

Es ist in Ordnung, die Namen »Buddha«, »Natur«, »du«, »ich« zu verwenden, wenn Sie die Einsicht in Intersein haben. Wir können uns selbst Mutter oder Vater, Sohn oder Tochter nennen; wir müssen diese Worte benutzen. Doch wenn wir sie benutzen, sollten wir uns stets daran erinnern, dass wir Vater, Mutter und zur selben Zeit Sohn, Tochter sind.

Die vierte reflektierende Untersuchung: das Spezielle

Die vierte reflektierende Untersuchung ist *vishesha prajñapati paryesana. Vishesha* bedeutet »das Besondere«, »das Spezielle«. *Svabhava* bedeutet das »universelle, das allgemeine Kennzeichen«. Alles hat ein Kennzeichen, eine Erscheinungsform. Wenn wir zum Beispiel eine Blume betrachten, sehen wir das allgemeine Kennzeichen »Blume«. Wir sehen es im Bereich der Abbilder. Doch wenn wir näher hinschauen, so sehen wir die Besonderheiten, die zusammengekommen sind, damit sich das Universelle, das Allgemeine manifestieren kann.

Ein Haus ist ein Ding. Wenn wir ein Haus sehen, nehmen wir das universelle, allgemeine Kennzeichen »Haus« wahr, und wir nennen es dann Haus. Doch wenn wir tiefer schauen, können wir die Elemente Sand, Zement, Holz, Glas, Nägel und all die anderen Dinge sehen, die zusammengekommen sind und das Haus möglich gemacht haben.

Das Universelle, Allgemeine besteht aus dem Besonderen, dem Speziellen. Wir nennen jemanden vielleicht Michael oder Annette. Doch Michael besteht aus fünf Elementen: Körper, Gefühle, Wahrnehmungen, geistige Gebilde und Bewusstsein. Und schauen wir tiefer, sehen wir, dass die vielen Besonderheiten zusammenfanden, um die Erscheinungsform des Universellen, Allgemeinen zu ermöglichen.

Der Bodhisattva betrachtet das Besondere, das Spezielle und erkennt, dass es auch eine konventionelle Bezeichnung ist und nicht etwas Eigenständiges und Abgetrenntes mit individueller Existenz. Während die Bodhisattva die besonderen, speziellen Erscheinungsformen eines Ichs oder Selbst oder eines Dings betrachtet, lässt sie sich von ihnen nicht täuschen. Sie erkennt, dass nicht nur das universelle, allgemeine Kennzeichen eine konventionelle Bezeichnung ist, sondern dass auch die besonderen, speziellen Erscheinungsformen eine Sammlung konventioneller Bezeichnungen sind. Diese Erkenntnis hilft, sich vom Ergreifen von Namen, Selbsten und Dingen zu befreien und die Natur von *paratantra*, Soheit und Intersein zu berühren, sodass wir die *nishpana*-Natur erfahren können.

Nondualismus bringt Gewaltlosigkeit hervor

Einige Neurowissenschaftler haben eine monistische Sicht und erkennen alles als verbundene Teile einer Wirklichkeit. Andere folgen eher einem Dualismus. Häufig geht es um die Frage: »Sind das Gehirn und der Geist ein Ding oder zwei getrennte?« Einige glauben, es handle sich um zwei getrennte Dinge, und sie fragen auf dieser dualistischen Grundlage: »Wie können objektive neuronale Vorgänge in subjektives Bewusstsein transformiert werden?« Dann gibt es Wissenschaftler, die glauben, dass Gehirn und Geist ein und dasselbe seien. Buddhistische Lehren unterweisen uns darin, Dinge als weder gleich noch verschieden anzusehen. Diese Art der Betrachtung können wir direkt erfahren. Als unser Vater geboren wurde, war er sehr klein. Als er aufwuchs, wurde er größer und veränderte sich in vielfältiger Weise. Er ist nicht dieselbe Person geblieben während seines Lebens, aber er ist auch nicht zwei verschiedene Personen. Betrachten wir also die Wirklichkeit, so sehen wir die Wahrheit von »weder gleich noch verschieden«. Sie sind seine Tochter und fragen: »Bin ich eins mit meinem Vater, oder bin ich eine vollkommen andere Person?« Die Lehre ist klar; Sie sind weder die gleiche Person wie Ihr Vater noch eine gänzlich verschiedene; Sie sind eine Fortführung. Dualistisches Denken führt in die Irre und kann die Überzeugung fördern, dass Gut und Böse Feinde seien und das Gute stets das Böse bekämpfen müsse. Diese Sicht der Theologie verursacht sehr viel Leid und Zerstörung.

In den buddhistischen Lehren hat Zorn eine organische Natur ebenso wie Liebe. Leid und Glück sind auch organisch, und sie bedingen einander. Es ist wie mit den Blumen und dem organischen Abfall. Ein guter Gärtner sieht den Abfall nicht als Feind, denn er hat ein klares Verständnis von Intersein, davon, wie alles miteinander verbunden und verwoben ist. Er weiß, er kann den organischen Abfall nutzen, um daraus Kompost zu machen und damit der Erde Nährstoffe zuführen. Der Abfall verwandelt sich dann in Blumen. Der Gärtner hat keine dualistische Sicht. Und daher ist er in Frieden mit der Blume und in Frieden mit dem Abfall. Ohne den Abfall, das weiß er, würde er keine schönen Blumen haben können.

Wenn wir wissen, dass unser Leiden, unser Hass und unsere Angst organisch sind, müssen wir nicht mehr vor ihnen davonlaufen. Wir wissen, dass wir sie durch unsere Praxis transformieren können und sie unser Glück und Wohlergehen nähren. Meditation gründet in der Einsicht in Nicht-Dualität – Nicht-Dualität von Gut und Böse, Leiden und Glück. Von daher ist unser Umgang mit dem Leiden stets gewaltlos. Wenn Sie die nicht-dualistische Natur der Wirklichkeit akzeptieren, wird Ihr Weg ein gewaltfreier sein. Sie haben dann nicht mehr das Bedürfnis, Ihre Wut und Ihre Angst zu bekämpfen, denn Sie sehen, dass Ihre Wut und Ihre Angst Sie sind. Daher versuchen Sie mit ihnen auf liebevolle Weise umzugehen. Es gibt keinen Kampf mehr, nur noch die Praxis der Transformation und des Sich-Kümmerns. Wir sollten uns um unseren Zorn und unsere Angst auf bestmögliche Weise kümmern und Sorge tragen, damit sie sich in Liebe und Mitgefühl wandeln können. So bringt die nicht-dualistische Grundlage der Meditation den gewaltfreien Weg der Praxis hervor. Sie behandeln Ihren Körper und Ihre Gefühle auf die gewaltfreieste Weise. Verfangen Sie sich dagegen in dualistischer Sicht, werden Sie leiden; Sie werden wütend sein auf Ihren Körper und Ihre Gefühle. Sie werden versuchen fortzulaufen, Sie halten nach etwas Ausschau, das Sie davor bewahren soll, mit dem Leiden Ihres Körpers und Ihrer Gefühle in Berührung zu sein. Doch wie wir erfahren haben, kann Glück ohne Leid nicht sein, das Linke kann ohne das Rechte nicht sein – ohne dies, kann das nicht sein.

Die Aussage, entweder sei man auf unserer Seite oder auf Seiten der Terroristen, ist Ausdruck einer zutiefst dualistischen Sicht. Es ist, als würde man sagen: »Wenn Sie kein Christ sind, sind Sie gegen Christus.« Das hört sich nicht sehr theologisch an. Ebenso wenig korrekt wäre zu sagen: »Wenn ihr nicht für den Buddha seid, dann seid ihr gegen ihn.« In den buddhistischen Lehren und Praktiken werden wir immer wieder daran erinnert, dass der Buddha ein Lebewesen war und es keinen Unterschied zwischen Buddha und anderen Lebewesen gibt. Wenn Sie das Lebewesen aus Buddha entfernen, haben Sie keinen Buddha mehr. Die Essenz dieser Lehre gibt es in allen Traditionen.

»Entweder ihr seid für uns oder ihr seid für die Terroristen«, ist weder gute Politik noch gute Diplomatie, denn die Regierungen, die diese Sicht nicht teilen, hören das nicht gern. Damit entfremdet man sich von den Verbündeten, denn niemand möchte auf Seiten der Terroristen sein.

Wir leben in einer Zeit, in der Meditation nicht länger eine individuelle Praxis ist. Wir müssen zusammen, als eine Gemeinschaft, praktizieren, als eine Nation, eine Erde. Wenn wir wirklich Frieden wollen, müssen wir die Wirklichkeit auf eine Weise sehen, die keine Trennung kennt. Es ist so wichtig, dass wir uns in nicht-dualistischer Sicht üben. Aus unserer eigenen Erfahrung wissen wir, dass wir nur schwerlich glücklich sein können, wenn die andere Person nicht glücklich ist. Die andere Person kann Ihre Tochter, Ihr Partner, Ihre Freundin, Ihre Mutter, Ihr Sohn, Ihr Vater oder Ihre Nachbarin sein. Die andere Person kann die christliche, die jüdische, die buddhistische oder die islamische Gemeinschaft sein. Weil wir wissen, dass Sicherheit und Frieden keine individuellen Angelegenheiten sind, werden wir ganz natürlich für das kollektive Wohl handeln. Alles, was wir tun, um unseren Freunden, unseren Nachbarn und anderen Ländern zu helfen, sich sicher und respektiert zu fühlen, fördert auch uns. Wenn wir uns dagegen in einer arroganten, dualistischen Sicht verfangen, dann werden wir uns und die Welt zerstören.

Zwei violette Blumen

Wir alle wissen, dass die Wunder des Lebens stets gegenwärtig sind – der blaue Himmel, weiße Wolken, Flüsse, Regen, Blumen, Vögel, Bäume, Kinder. Gestern sah ich während der Gehmeditation zwei kleine violettfarbene Blumen im Gras. Sie waren so wunderschön, so klein und zart, und ich pflückte beide und reichte sie den beiden ehrwürdigen Mönchen, die aus Vietnam gekommen waren. Ich sagte ihnen: »Diese Blumen sind nur im Reinen Land verfügbar«, und ich bin sicher, dass die beiden mich verstanden. Wenn wir achtsam sind, wenn wir die Wunder des Lebens tief berühren, dann ist das Reine Land des Buddha, das Reich Gottes, für uns vorhanden. Tatsächlich ist das Reine Land stets da. Doch es bleibt die Frage, ob wir für das Reine Land immer da sind. Sich selbst für das Reine Land verfügbar zu halten, ist überhaupt nicht schwer. Seien Sie achtsam, wenn Sie schauen, wenn Sie berühren, wenn Sie mit Ihren Füßen die Erde berühren. Es ist für uns möglich, vierundzwanzig Stunden am Tag im Reinen Land zu verweilen, wenn wir die Achtsamkeit in uns lebendig erhalten. Wir neigen leicht zu der Auffassung, dass unsere Erde voller Unglück und Leiden sei, und wir suchen daher nach einem Ort, an dem es kein Leiden gibt.

Nach meiner Definition des Reinen Landes oder des Reichs Gottes handelt es sich nicht um einen Ort, an dem es kein Leiden gibt, denn Leid und Glück bedingen und durchdringen einander. Glück kann nur vor dem Hintergrund des Leids erkannt werden. Wir brauchen also das Leid, um Glück erkennen zu können. Wenn wir tief schauen, wissen wir, dass Glück unmöglich ist, wenn wir ohne Verstehen und Mitgefühl sind. Ein glücklicher Mensch ist ein Mensch mit großem Verstehen und umfassendem Mitgefühl. Ohne Verstehen und Mitgefühl kann man sich auf niemanden wirklich beziehen und ist vollkommen isoliert. Schauen Sie sich um, und Sie werden ganz deutlich sehen: Ein Mensch voller Verstehen und Mitgefühl leidet nicht, sondern ist glücklich. Um wirklich glücklich zu sein, müssen wir Verstehen und Mitgefühl pflegen. Doch ohne Leiden ist das unmöglich. Aus der Berührung mit dem Leiden erwachsen Verstehen und Mitgefühl. Stellen Sie sich einen Ort ohne Leiden vor. Unsere Kinder hätten keine Chance, ihr Verstehen zu entwickeln und zu lernen, wie man mitfühlend sein kann.

Durch die Berührung des Leidens lernen wir, zu verstehen und mitfühlend zu sein. Gäbe es im Reich Gottes kein Leiden, so könnte es dort auch kein Verstehen und kein Mitgefühl geben, und man könnte es von daher auch nicht das Reich Gottes oder das Reine Land des Buddha nennen. Das ist sehr klar, sehr einfach. Meine Definition vom Reinen Land des Buddha oder dem Reich Gottes ist: Es ist der Ort, an dem es viele Möglichkeiten gibt, Verstehen und Mitgefühl zu entwickeln. Haben Sie in großem Maße Verstehen und Mitgefühl, dann fürchten Sie sich nicht mehr vor dem Leiden. So wie sich auch eine gute Gärtnerin nicht vor dem organischen Abfall fürchtet, denn sie weiß, wie sie ihn umwandeln kann. Dies ist die nicht-dualistische Weltsicht. Die kleinen Blumen, die ich gestern für die vietnamesischen Mönche pflückte, sind ein Wunder. Unser Herz ist ein Wunder. Jede Zelle unseres Körpers ist ein Wunder. Um uns herum ist alles ein Wunder. Alles gehört zum Reich Gottes, zum Reinen Land des Buddha. Aber wir leben meist so, dass wir deren Gegenwart vollkommen ignorieren. Wir sind in unsere Sorgen, unsere Verzweiflung, unsere Eifersucht und unsere Angst verstrickt und verlieren so das Reich Gottes, das Reine Land.

Unsere Möglichkeit des freien Willens

Wenn wir gehen, müssen wir unseren linken Fuß nicht auffordern, einen Schritt zu machen, und wir müssen auch unserem rechten Fuß nicht befehlen, einen Schritt zu machen. So funktioniert das nicht. Wir gehen einfach, ganz natürlich und spontan, und wenn unsere Achtsamkeit hinzukommt, folgt sie dem Geschehen immer ein bisschen nach. Das führt zu der Frage: Ist unser Geistbewusstsein nur eine Marionette des Speicherbewusstseins? Wenn unser Geistbewusstsein nur eine Marionette wäre, bedeutete dies, dass Entscheidungen auf der Ebene des Speicherbewusstseins getroffen wurden, auf der fortwährend Verarbeitung und Lernen stattfindet. Haben wir einen freien Willen oder nicht?

Freier Wille ist dann möglich, wenn Sie Achtsamkeit praktizieren. Sie nutzen Achtsamkeit und Konzentration, um Einsicht zu erlangen. Und aufgrund dieser Einsicht können Sie Entscheidungen treffen, die in der wahren Natur der Dinge gründen. Sie sind nicht nur eine Marionette des Speicherbewusstseins. Wir besitzen Souveränität, doch wir müssen sie nutzen, um die positiven Samen in unserem Speicherbewusstsein zu wässern. Unsere Zukunft hängt gänzlich von dem Wert unseres Speicherbewusstseins ab.

Karma: Die Handlungen von Geist, Sprache und Körper

Im Buddhismus wird das Speicherbewusstsein auch als Reifungs-Bewusstsein bezeichnet, *vipaka* in Sanskrit. *Vipaka* bedeutet das Reifen der Frucht. Die Natur einer Frucht, wie einer Pflaume zum Beispiel, ist Wandlung und Reifung. Am Anfang ist sie klein, grün und sauer. Wenn sie wächst, wird sie groß, violett und süß, und sie hat einen Kern.

Gewöhnlich glauben wir, dass wir uns durch Raum und Zeit auf die Zukunft zubewegen. Wir glauben, dass wir jetzt wir selbst sind und dass wir, wenn wir an einem Punkt in der Zukunft angelangt sind, noch immer wir selbst sind. Doch entspricht das nicht der Wirklichkeit, denn tatsächlich verändern wir uns fortwährend. Der Fluss Mississippi trägt einen Namen. Der Name Mississippi bleibt der gleiche, doch der Fluss wandelt sich ständig, das Wasser wandelt sich fortwährend. Bei einem Menschen ist das genauso. Als wir geboren wurden, waren wir ein zartes, kleines Baby von vielleicht sieben Pfund, und nun als Erwachsener sind wir doch in nahezu allen Aspekten ganz anders.

Ein Mensch ist wie eine Wolke. Wenn wir uns selbst als Wolke visualisieren, können wir die Natur einer Wolke näher betrachten und untersuchen. Wir können visualisieren, wie sich die Wolke gebildet hat, wie die Wolke sich selbst manifestiert. Das Wort »Wolke« kann die Vorstellung von dieser oder jener Wolke hervorbringen. Diese Wolke ist nicht jene Wolke. Und die Wolke ist nicht der Wind oder Sonnenschein. Die Wolke ist auch nicht das Wasser.

Stellen Sie sich vor, ein Teil der Wolke wird zu Regen. Und die Wolke oben am Himmel kann herabschauen und sich selbst als Wasser sehen. Das ist möglich. Wenn wir uns selbst als Wolke sehen, können wir uns umschauen und sehen, dass wir mit anderen Wolken verwoben, dass wir mit ihnen inter-sind. Andere Wolken schließen sich uns an, und wir werden zusammen eine große Wolke. Wir beginnen mehr von der Wirklichkeit einer Wolke zu erkennen, wir beginnen mehr von der Wirklichkeit des Selbst zu verstehen. Für eine Wolke ist es möglich, hinabzuschauen und zu erkennen, dass ein Teil der Wolke in andere Manifestationsformen übergegangen ist. Es ist der Wolke möglich, sich selbst in der Form eines Flusses auf der Erdoberfläche zuzulächeln.

In jedem Augenblick unseres Lebens empfangen wir etwas aus unserer Umgebung. Wir empfangen Luft, Nahrung, Bilder, Geräusche und kollektive Energien. In jeder Minute unseres Lebens gibt es solchen Input. Tagtäglich nehmen wir Nahrung auf in Form von Speisen, sinnlichen Eindrücken, Gedanken, Erziehung und kollektivem Bewusstsein. Und zur selben Zeit geben wir Energie ab in Form unseres Denkens, Sprechens und Handelns. In jedem Augenblick unseres täglichen Lebens produzieren wir Gedanken, Worte und Handlungen.

Der französische Philosoph Jean Paul Sartre sagte einmal: »Wir sind die Summe unserer Handlungen.« Karma bedeutet Handlung, Tat, und kann sich ausdrücken in Form von Gedanken, Worten und körperlichen Handlungen. Wir schaffen fortwährend Karma, und das zielt stets in Richtung Zukunft. Und deshalb sollten wir uns darin üben, uns in unseren

Handlungen nicht nur auf diesen Körper beschränkt zu sehen. Natürlich beeinflussen die Handlungen von Körper, Sprache und Geist auch unseren Körper und unsere Gefühle. Sieht eine Wolke herab, so kann sie sich als Fluss erkennen. Schauen wir hinunter, können wir sehen, dass wir in die Zukunft gegangen sind. Wir können uns selbst an vielen Orten sehen.

Sie können nicht sagen, dass Sie nicht mehr da sein werden, wenn sich Ihr Körper auflöst. Sie setzen sich in vielfältiger Weise fort. Wird eine Wolke zu Regen, so kann der Regen als zahllose Tropfen Wasser gesehen werden. Fallen sie auf die Erde, so vereinigen sie sich vielleicht zu einem Fluss oder zu zweien oder dreien, das ist die Fortführung der Tropfen.

Dreifaches Karma

Karma ist von dreifacher Art – Gedanken, Worte und körperliche Handlungen. Es ist sehr unwissenschaftlich zu sagen, dass nach der körperlichen Auflösung nichts mehr übrig bleibt. Der Chemiker Antoine Laurent Lavoisier, der im 18. Jahrhundert lebte, sagte: »Nichts wird geboren, nichts kann sterben.« Was geschieht, nachdem sich Ihr Körper aufgelöst hat? Die Antwort ist, dass Sie durch Ihre Gedanken, Ihre Worte und Ihre körperlichen Handlungen fortgesetzt werden. Wollen Sie wissen, wie Sie in der Zukunft sein werden, müssen Sie nur diese dreifachen Handlungen betrachten, und Sie werden es wissen. Sie müssen nicht erst sterben, um es zu sehen – Sie können es jetzt sehen –, denn in jedem Augenblick schaffen Sie sich selbst, schaffen Sie Ihre Fortführung. Jeder Gedanke, jedes Wort, jede Handlung trägt Ihre Unterschrift – Sie können dem nicht entkommen. Wenn Sie etwas wenig Schönes schaffen, so können Sie es nicht zurücknehmen – es ist bereits in Richtung Zukunft unterwegs und hat eine Kette von Aktionen und Reaktionen geschaffen. Doch können Sie immer auch etwas Positives schaffen, und diese neue Handlung in Form von Gedanken, Worten oder körperlichen Aktionen wird die vorausgegangene negative Handlung verändern.

Kehren wir zu uns selbst zurück und wissen um diese Dinge, so haben wir die Macht, unsere Fortführung zu formen. Im Hier und Jetzt haben wir diese Macht. Unsere Fortführung ist nicht etwas Zukünftiges. Unsere Fortführung geschieht genau hier und jetzt. Daher haben wir die Souveränität, unsere Zukunft zu bestimmen. Haben Sie etwas Gutes getan, so sind Sie froh und sagen: »Ich kann damit fortfahren, mehr Gedanken, Worte und Handlungen derselben Art zu schaffen. Denn ich sichere damit für mich und meine Kinder eine gute Zukunft.« Und sollten Sie etwas Negatives geschaffen haben, so wissen Sie, dass Sie auch etwas Gegenteiliges, etwas Positives, schaffen können, um es zu korrigieren, es zu verwandeln. Freier Wille ist möglich im Hier und Jetzt.

Angenommen ich habe gestern etwas nicht sehr Freundliches zu meinem jüngeren Bruder gesagt. Das ist geschehen und hat in mir und meinem Bruder Schaden angerichtet. Und heute wache ich auf und erkenne, dass ich ein Karma, eine Handlung, geschaffen habe, die destruktiv war. Nun möchte ich das korrigieren. Ich bin entschlossen, ihm heute bei unserer Begegnung etwas anderes zu sagen. Aus meiner Einsicht, meinem Mitgefühl, meiner Liebe heraus sage ich einen Satz. Dieser Satz wurde heute geschaffen, nicht gestern, aber er wird den Satz berühren, den ich gestern gesagt habe, und ihn transformieren und korrigieren. Plötzlich fühle ich, dass Heilung in mir geschieht und in meinem Bruder oder Mitarbeiter, denn auch die zweite Handlung trägt meine Unterschrift.

Nehmen wir an, eine Mutter schreit am Morgen voller Ungeduld ihr Kind an. Das ist ein Fehler, eine negative Handlung. Und angenommen am Abend tut sie etwas Gutes, sie rettet vielleicht einen Hund vor dem Überfahrenwerden. Das ist eine sehr gute Tat. Jede Tat hat einen Samen in ihr Speicherbewusstsein gepflanzt. Keine Tat, kein Gedanke, kein Wort gehen verloren. Was ist nun, wenn wir Tat eins und zwei verbinden?

Um zu wissen, wohin Sie gehen, in welche Richtung, müssen Sie nur den Wert der Samen in Ihrem Speicherbewusstsein betrachten, und Sie werden Ihren Weg kennen. Alles hängt von Ihrem Karma ab, von Ihren Taten in Form von Gedanken, Worten und körperlichen Handlungen. Sie entscheiden, niemand anders entscheidet Ihre Zukunft. Das ist *vipaka*.

Jedes Mal, wenn Sie einen Gedanken schaffen, ist das eine Tat. Der Buddha empfahl uns, rechtes Denken zu praktizieren, ein Denken, das in Richtung Nicht-Unterscheidung, Mitgefühl und Verstehen geht. Wir wissen, dass wir in der

Lage sind, einen solchen Gedanken zu schaffen, einen Gedanken des Mitgefühls, einen Gedanken der Nicht-Unterscheidung. Jedes Mal, wenn wir einen solchen Gedanken denken, hat dies eine positive Wirkung auf uns und die Welt. Ein guter Gedanke hat einen heilenden Effekt auf Ihren Körper, Ihren Geist und die Welt. Das ist Handlung. Wenn Sie einen Gedanken der Wut, des Hasses oder der Verzweiflung schaffen, so ist das Ihrer Gesundheit und dem Wohle der Welt nicht zuträglich. Aufmerksamkeit auf das, was Sie denken, spielt hier eine große Rolle. Abhängig von der Umgebung, in der Sie leben, und dem, worauf Sie Ihre Aufmerksamkeit richten, haben Sie eine größere oder kleinere Chance, gute Gedanken zu schaffen und in die richtige Richtung zu gehen.

Jeder Gedanke, den Sie schaffen, trägt Ihre Unterschrift. Sie können Ihre Unterschrift nicht verleugnen. Sie sind verantwortlich für diesen Gedanken, und dieser Gedanke ist Ihre Fortführung. Ihr Gedanke ist die Essenz Ihres Seins, Ihres Lebens, und einmal geschaffen, setzt er sich fort, kann nie verloren gehen. Wir können unsere Gedanken als eine Art Energie verstehen, die eine Kettenreaktion in der Welt auslöst. Darum ist es gut, dafür Sorge zu tragen, dass wir täglich viele gute Gedanken schaffen. Wir wissen, wenn wir wollen, können wir Gedanken des Mitgefühls, des Verstehens, der Brüderlichkeit, Schwesterlichkeit und der Nicht-Unterscheidung schaffen, und sie alle tragen unsere Unterschrift, sie sind wir, sie sind unsere Zukunft und können nie verloren gehen. Es ist ganz klar, dass ein Gedanke des Mitgefühls, des Verstehens, der Brüderlichkeit, der Liebe die Macht zur Heilung hat: zur Heilung unseres Körpers, unseres Geistes, zur Heilung der Welt. Freier Wille ist möglich, denn Sie wissen, dass Sie solche Gedanken schaffen können, mithilfe des Buddha, mithilfe Ihres Bruders, Ihrer Schwester in der Gemeinschaft, mithilfe des Dharma.

Was wir sagen, trägt ebenfalls unsere Unterschrift und ist unser Karma. Unsere Worte können Verstehen, Liebe und Vergebung ausdrücken. Sobald Sie rechte Rede benutzen, hat dies heilende Wirkung. Rechte Rede hat die Macht zur Heilung und Transformation. Sie können in jedem Augenblick in dieser Weise sprechen. Sie tragen die Samen des Mitgefühls, Verstehens und der Vergebung in sich. Ermöglichen Sie ihnen, sich zu manifestieren. Sie können für einen Moment mit dem Lesen dieses Buches aufhören und jemanden anrufen und rechte Rede benutzend Mitgefühl, Empathie, Liebe und Vergebung ausdrücken. Worauf warten Sie? Das ist wirkliches Handeln. Versöhnung können wir sofort durch die Praxis liebevoller Rede erreichen. Rechte Rede weist in Richtung Vergebung, Verstehen und Mitgefühl. Nehmen Sie den Hörer, und rufen Sie an. Danach werden Sie sich besser fühlen, die andere Person wird sich besser fühlen, und Versöhnung wird sofort möglich. Die Gedanken, die Sie geschaffen, die Worte, die Sie ausgesprochen haben, werden immer als Ihre Fortführung da sein.

Was können wir tun, um Leiden zu vermindern? Was können wir tagtäglich tun, um unser Mitgefühl auszudrücken? Körperliche Handlungen sind der dritte Aspekt unserer Fortdauer. Wir wissen, dass wir in der Lage sind, Menschen zu beschützen, Tiere zu beschützen, unsere Umwelt zu schützen. Wir können etwas tun, um heute einem Lebewesen das Leben zu retten. Es kann etwas Kleines sein, wie einem Insekt das Fenster zu öffnen, damit es hinausfliegen kann. Oder es kann etwas Großes sein, wie einem Bedürftigen Essen und Kleidung zu geben. Wir kontrollieren unser Karma jeden Tag, tun kleine oder große Dinge, und doch haben wir oft das Gefühl, keinen freien Willen, keine Kontrolle zu haben.

Keine Geburt und kein Tod

Sie sind verantwortlich für das, was Sie in jeder Minute Ihres Lebens schaffen durch das, was Sie denken, sagen, tun. Das Bild einer Welle kann hier als Illustration hilfreich sein. Sie sehen die Manifestation einer Welle, ein junger Mensch mit viel Energie, einer Menge Hoffnungen und Ambitionen, und diese Welle der Jugendlichkeit steigt auf und ab. Und wenn Sie zum Kamm der Welle kommen, beginnt der Abstieg. Wenn Sie ansteigen als Welle, schaffen Sie eine Art Kraft. Diese Kraft ist von zweifacher Art. Kraft eins ist die Karma-Energie, Kraft zwei die greifende Energie. Und wenn Sie als Welle absteigen, schaffen Sie auch Kraft eins und zwei. Diese Energie ist sehr dynamisch, sie ist der Grund Ihrer Manifestation in dieser Form und der Manifestation der Umgebung in dieser Form.

Betrachten Sie die Meeresoberfläche, könnten Sie glauben, das Aufsteigen der Welle sei der Beginn, die Geburt, und das Absteigen sei das Ende, der Tod. Doch wenn wir diese beiden

Kräfte näher betrachten, erkennen wir, dass die Welle nicht aus nichts heraus entstanden ist. Es muss eine Kraft da sein, die die Welle von der glatten Wasseroberfläche emporhebt. Und wenn eine Kraft bereits vor der sogenannten Geburt der Welle vorhanden ist, bedeutet dies, dass sie bereits in der Vergangenheit da war. Auch Sie als Mensch sind die Fortführung einer anderen Welle in der Vergangenheit, denn es muss eine Welle vor Ihnen gegeben haben, die Sie kräftig hochgedrückt hat, und daher sind Sie geboren worden. Das Emporsteigen der Welle ist also nicht wirklich der Geburtstag der Welle, es ist ihr Fortführungstag. Wenn die Welle sich auflöst, stirbt sie nicht. Nichts geht verloren.

Unser Verständnis von Fortführung widerspricht nicht der grundlegenden buddhistischen Lehre von der Unbeständigkeit. Wenn Sie glauben, es gebe eine Seele, die immer gleich bleibt, den Körper verlässt und in einen anderen Körper in Raum und Zeit eintritt, haben Sie sich in der Vorstellung eines beständigen Selbst verfangen. Der Buddha bestätigte, dass nichts verloren gehen, dass nichts ausgelöscht werden kann, aber er sagte gleichzeitig, dass nichts für immer das Gleiche bleibt.

Wenn wir die Worte »Geburt« und »Tod« untersuchen, glauben wir, dass es da eine Wirklichkeit von Geburt jenseits der Erscheinungsform gibt, eine Wirklichkeit von Tod jenseits der Erscheinungsform. Doch wenn wir frei sind von dem Wort »Geburt«, dann können wir die Wirklichkeit von Geburt erforschen. Wir denken üblicherweise, dass Geborenwerden bedeutet, dass man aus dem Nichts heraus plötzlich zu Etwas wird, von Niemandem plötzlich zu Jemandem. Das ist unsere normale Vorstellung von Geburt. Man existierte nicht und plötzlich existiert man.

Nehmen Sie ein Stück Papier, zum Beispiel diese Buchseite. Diese Buchseite scheint einen Geburtstag zu haben wie wir – der Tag, an dem sie in der Papierfabrik ihre Form angenommen hat. Doch Papier ist ein Wort, und die Buchseite in meinen Händen ist Wirklichkeit. Bevor sie die Form einer Buchseite annahm, war sie bereits da. Viele Dinge kamen zusammen, damit diese Buchseite ihre Form annehmen konnte. Wir können die Bäume sehen, den Wald. Wir können den Sonnenschein auf den Bäumen sehen. Wir können den Regen auf den Bäumen sehen. Wir können den Kleister sehen, aus dem das Papier gemacht wurde. Wir können die Arbeiterinnen in der Fabrik sehen. Man kann einfach nicht sagen, das Papier sei aus dem Nichts heraus entstanden. Schauen Sie genau, dann sehen Sie, dass das Papier niemals geboren wurde. Der Augenblick, den wir Geburt nennen, ist nur ein Augenblick der Fortführung. Davor war das Papier etwas anderes.

Da niemand und nichts wirklich geboren wurde, wird auch niemand jemals sterben. Der Moment unserer Empfängnis im Bauch unserer Mutter ist nicht der Moment, in dem wir zu existieren begannen. Wir haben vorher existiert, in unserer Mutter, in unserem Vater, in unseren Vorfahren. Wir sind nicht aus dem Nichts gekommen. Wir sind eine Fortführung. So wie der Fluss auf der Erde die Fortführung der Wolke am Himmel ist. Der Fluss wurde nicht geboren. Er ist nur eine Fortführung der Wolke.

Wenn wir das Wort »Tod« hören, reagieren viele von uns mit Angst, weil sie glauben, Tod bedeute die Auslöschung des

Selbst. Tod bedeute, dass Sie aus Etwas zu Nichts werden, von Jemandem zu Niemandem. Doch wir sind wie Wolken, und für eine Wolke ist es unmöglich zu sterben. Eine Wolke mag Regen oder Schnee oder Eis oder Wasser werden. Aber es ist einer Wolke unmöglich, zu Nichts zu werden.

Für uns bedeutet Geburt, dass wir aus dem Nichts heraus plötzlich zu Etwas werden, von Niemandem zu Jemandem. Das ist unsere übliche Definition von Geburt. Aber wenn wir tief schauen, können wir so etwas in der Wirklichkeit nicht sehen. Eine Wolke ist nicht aus dem Nichts heraus entstanden. Sie entstand aus einem See, einem Fluss, dem Meer, der Hitze. Eine Wolke ist nur die Fortführung von etwas. Wenn Sie sagen, die Wolke »stirbt«, dann glauben Sie, dies bedeute, dass sie aus Etwas nun zu Nichts wird. Doch wenn Sie tief schauen, sehen Sie, dass es einer Wolke unmöglich ist zu sterben. Es ist für eine Wolke möglich, Regen, Schnee oder Eis zu werden, doch Sie haben nicht die Macht, eine Wolke zu töten, aus der Wolke ein Nichts zu machen. Die Natur einer Wolke ist Nicht-Geburt und Nicht-Tod. Die Wolke wird sich in anderen Formen fortsetzen, sie kann nicht zu Nichts werden. Halten Sie eine Tasse Tee in den Händen, und trinken Sie achtsam, erkennen Sie, dass die Wolke am Himmel – Ihre wunderschöne Wolke –, die Sie gestern betrachtet haben, nun in Ihrer Tasse ist und dass Sie die Wolke trinken. Sie berühren die Natur von Nicht-Geburt und Nicht-Tod der Wolke.

Wenn jemand, den Sie lieben, kürzlich gestorben ist und Sie noch voller Trauer sind, so nutzen Sie diese Einsicht des Buddha. Es ist nicht möglich, dass Ihr Liebster, Ihre Liebste stirbt. Wenn Sie achtsam und konzentriert sind, werden Sie ihn oder sie in vielen anderen Formen erkennen. Sie können Ihre geliebte Wolke nicht mehr am Himmel sehen, und Sie weinen daher. Doch Ihre geliebte Wolke wurde zu Regen, der freudig auf die Erde herabfiel und Sie tadelt: »Liebling, siehst du mich nicht? Ich bin hier.« Erkennen Sie Ihre geliebte Wolke in ihrer neuen Form, als Regen.

Laden Sie eine Glocke ein zu erklingen, so reisen die Schallwellen durch die Luft, um Sie zu erreichen. Glauben Sie nicht, dass der Klang der Glocke von einem Ort zum anderen wiedergeboren wurde. Karmisch gesehen gibt es eine Fortführung. Alles, was Sie denken, alles, was Sie sagen, alles, was Sie tun, ist bereits Ihre Fortführung. Es gibt nur Fortführung; keinen Transfer von hier nach dort. Und wir haben es in der Hand, dass die Fortführung eine glückliche, angenehme ist. Durch unsere Achtsamkeit können wir sicherstellen, dass unsere Fortführung gut und schön ist.

Von Moment zu Moment und zyklische Unbeständigkeit

Unsere Fortführung sollten wir nicht mit Beständigkeit verwechseln. Auch wenn die Welle sich in anderen Formen fortsetzt, so ist doch jede Welle nur für einen Augenblick da, und dann ist sie fort.

Unbeständigkeit kann auf zweifache Weise verstanden werden: Die erste ist die Unbeständigkeit in jedem Augenblick, die »Von-Moment-zu-Moment-Unbeständigkeit«. Wir sehen den Zerfall des Körpers tagtäglich. Doch jenseits der Vergänglichkeit, Unbeständigkeit, ist Fortführung. Betrachten wir die Welle als Ganzes, sehen wir zyklische Unbeständigkeit, die zweite Form der Unbeständigkeit.

Ich habe bereits die kinematografische Natur des Bewusstseins erwähnt: Wenn Sie einen Film sehen, sehen Sie dessen Anfang und Ende, und Sie sehen damit die zyklische Unbeständigkeit. Der Film hat ein Ende; Sie sehen das Wort »Ende« im Abspann. Doch andererseits besteht der Film aus kleinen, einzelnen Bildern, die aufeinanderfolgen und den Eindruck vermitteln, dass es sich um ein Ganzes, um ein »Selbst« handle. Hier sehen wir die Von-Moment-zu-Moment-Unbeständigkeit. In diesem Beispiel können wir beides sehen, die zyklische Unbeständigkeit und die Von-Moment-zu-Moment-Unbeständigkeit.

Auch Karma, *vipaka*, kann auf diese zweifache Weise verstanden werden, zyklisches *vipaka* und Von-Moment-zu-Moment-*vipaka*. Bei zyklischem *vipaka* sehen wir unser Leben als Ganzes und erkennen, dass das nächste Leben eine Auswirkung dieses Lebens sein wird. Das ist zyklische Reifung. Doch *vipaka* geschieht auch von Moment zu Moment. Dieser Augenblick ist die Reifung des vorangegangenen Augenblicks. Was Sie vor einer Minute gelesen haben, hat eine Wirkung auf Sie in diesem Moment. Es ist wie bei einer Kerze, die in diesem Augenblick, im Hier und Jetzt, Licht, Wärme und Duft bietet. Und das Licht, das von der Kerze ausgeht, erhellt die Umgebung, die Welt außerhalb der Kerze, aber es erhellt auch die Kerze selbst. Das Licht der Kerze beleuchtet die Kerze, und es beleuchtet andere Dinge.

In ähnlicher Weise bieten wir in jedem Augenblick unser Denken, Sprechen und Handeln an. Was wir denken, was wir sagen, was wir tun, hat eine Wirkung auf die Welt und hat eine Wirkung auf uns. Die Welt ist auch wir, denn in dem Augenblick, in dem wir sprechen, sind wir hinaus in die Welt gegangen. Wir projizieren uns selbst ständig in die Welt, und wir sind nicht nur hier, sondern wir sind auch dort.

Alles, was wir denken, was wir sagen, was wir tun, hat eine Wirkung auf unsere Umgebung und auf unser Inneres. Sie sind nicht nur innerhalb Ihres Körpers, Sie sind auch außerhalb. Ein guter Meditierender sieht sich selbst nicht nur innerhalb, sondern auch außerhalb seines Körpers. Können Sie sich außerhalb Ihres Körpers sehen? Wenn Sie es können, verfügen Sie bereits über Einsicht. Sie werden nicht nur innerhalb, sondern auch außerhalb fortgeführt. Die dreifache Energie des Karma hat eine Wirkung genau hier, genau jetzt.

Sobald Sie einen Gedanken schaffen, hat dieser Gedanke unmittelbar eine Wirkung auf Sie. Sobald Sie einen Gedanken des Mitgefühls, der liebenden Güte schaffen, empfängt jede Zelle Ihres Körpers diese wundervolle Energie. Ist es ein hasserfüllter oder verzweifelter Gedanke, hat er dagegen eine negative Wirkung auf jede Zelle Ihres Körpers und auf Ihr Bewusstsein. Stellen Sie sich vor, Sie stellen einen ungedeckten Scheck aus. Die Wirkung merken Sie nicht sofort, aber in zwei, drei Wochen wird sie offenkundig sein. Oder wenn ein Regierungsmitglied etwas Illegales tut, so wird er seinen Sitz in der Regierung vielleicht noch einige Jahre halten können. Doch wenn die Sache irgendwann auffliegt, kann er im Gefängnis landen. So gibt es also auch Dinge, die wir tun, aber die erst später Wirkung zeitigen. Wir unterscheiden zwei Arten von Handlungen: Handlungen, die sehr schnell im Hier und Jetzt zu uns zurückkehren, und Handlungen, die erst etwas später zu uns zurückkehren.

In einem vietnamesischen Gedicht lautet eine Zeile: »Die Nicht-Körper-Elemente außerhalb des Körpers sind auch der Körper; die Nicht-Selbst-Elemente, die du für außerhalb deines Selbst hältst, sind du selbst.« Sie müssen Ihre Tochter als Sie selbst sehen. Sie müssen Ihren Sohn als Sie selbst sehen; Sie müssen sehen, was Sie aufgebaut, was Sie zerstört haben, denn das alles sind die Früchte Ihrer Handlungen, der dreifachen Handlungen. So sollten wir uns selbst betrachten. Wenn Sie Ihre Fortführung jenseits Ihres Körpers erkennen können, beginnen Sie, sich selbst zu sehen. Was Sie als die Nicht-Selbst-Elemente außerhalb Ihrer selbst ansehen, sind Sie. Sie wollen sicherstellen, dass Ihre Fortführung schön sein wird? Das ist möglich. Könnten Sie die Kettenreaktionen all dieser zusammengekommenen Energien sehen, würden Sie nicht mehr sagen, dass hinter diesem Punkt nichts mehr wäre. Denn wir wissen sehr gut, dass nichts verloren gehen kann. Alles wird sich fortsetzen.

Sind wir wirklich imstande zu sehen, was im gegenwärtigen Moment geschieht, können wir wissen, was in dem Augenblick geschieht, den wir »Tod« nennen. Es gibt eine Fortführung, doch muss diese Fortführung nicht bis zum Augenblick des Todes warten, um sichtbar zu werden. Die Fortführung beginnt genau hier und jetzt. Wir werden in jedem Augenblick wiedergeboren.

Geistbewusstsein und freier Wille

Arbeitet das Geistbewusstsein allein, kann es das konzentriert oder zerstreut tun. Zerstreuung bedeutet, Sie lassen sich von Emotionen davontragen. Haben wir das Gefühl, unser Leben nicht mehr kontrollieren zu können, keinerlei Souveränität mehr zu haben, dann ist unser Geistbewusstsein zerstreut. Sie denken, sagen und tun Dinge, die Sie nicht kontrollieren können. Wir wollen nicht voller Hass oder Wut und unterscheidendem Denken sein, doch sind unsere Gewohnheitsenergien manchmal so stark, dass wir nicht wissen, wie wir das ändern könnten. Keine liebende Güte, kein Verstehen oder Mitgefühl ist in Ihrem Denken. Wie bei einem Vater, der sein Kind morgens anschreit, sagen und tun Sie Dinge, die Sie nicht sagen oder tun würden, wäre Ihr Geist gesammelt. Sie haben Ihre Souveränität verloren.

Wir können uns aber auch Situationen vorstellen, in denen wir uns selbst besser unter Kontrolle haben und nicht nur Opfer unserer Gewohnheitsenergien sind. Ein gesammelter Geist gibt uns mehr Freiheit, die Entscheidungen zu treffen, die wir treffen wollen, gibt uns die Möglichkeit zu mehr freiem Willen.

Ist unsere Energie zerstreut und wir werden schnell zornig, so wissen wir vielleicht intellektuell, dass uns unser Zorn nicht hilft, aber wir fühlen uns außerstande, ihn zu beenden. Von daher ist die Frage des freien Willens keine rein intellektuelle. Manche Menschen glauben, Gefühle seien nur eine Frage der chemischen Prozesse in unserem Gehirn. Sie werden zornig, werden gewalttätig aufgrund gewisser chemischer Substanzen, die in ihrem Gehirn freigesetzt werden. Doch diese Substanzen werden durch unsere Art des Denkens und Handelns geschaffen, und ihre Art der Freisetzung hängt sehr stark von unserer Lebensweise ab.

Wenn wir wissen, wie wir in Achtsamkeit essen, wie wir richtig essen, wie wir richtig trinken, wie wir in rechter Weise denken und wie wir unser tägliches Leben in ausgewogener Weise leben, dann wird die Freisetzung dieser chemischen Substanzen nur Wohlergehen hervorbringen. Leben wir ein Leben, das durchdrungen ist von Wut, Angst und Hass, dann wissen wir, dass die Neuronen und freigesetzten chemischen Substanzen an der Basis unserer Wahrnehmung davon beeinflusst werden und es in unserem Gehirn und unserem Bewusstsein zu Unausgeglichenheiten kommt. Wir können unsere Weisheit, unser tiefes Schauen nutzen, um zu bestimmen, wie diese Elemente funktionieren. Sie können nicht sagen, diese Elemente seien ja gar nicht unser Geist; sie sind unser Geist.

Im Buddhismus sagen wir, dass dieser Körper unser Bewusstsein *ist* und verwenden dazu den Sanskrit-Begriff *namarupa. Nama* bedeutet Name/Geist. *Rupa* bedeutet Form/Körper. Es sind keine zwei verschiedenen Wesenheiten, sondern die doppelte Manifestation derselben Substanz.

Wir alle haben negative Gewohnheitsenergien in uns, die uns dazu treiben, Dinge zu sagen und zu tun, von denen wir verstandesmäßig wissen, dass sie Unheil bringen. Und doch tun wir sie. Und doch sagen wir sie. Und doch denken wir sie. Das ist Gewohnheitsenergie. Wenn eine solche Gewohnheitsenergie in Ihnen hochsteigt und Sie antreibt, etwas zu fühlen, zu sagen, zu tun, haben Sie die Möglichkeit, Achtsamkeit zu praktizieren. »Hallo, meine Gewohnheitsenergie, ich spüre, dass du aufkommst.« Das kann wirklich einen Unterschied machen. Sie wollen nicht das Opfer Ihrer Gewohnheitsenergien sein; die Intervention der Achtsamkeit kann die Situation für Sie sehr verändern.

Das zweite, was das Geistbewusstsein tun kann, ist, positive Gewohnheiten zu erlernen. Sie können sich so trainieren, dass Sie jedes Mal innehalten, wenn Sie eine Glocke hören. Sie halten in Ihrem Denken inne, in Ihrem Sprechen, in Ihrem Tun, und Sie werden von anderen Mitgliedern Ihrer Gemeinschaft darin unterstützt, das zu tun. In nur wenigen Wochen wird es zu einer Gewohnheit werden. Hören Sie eine Glocke, halten Sie ganz natürlich inne und genießen das Ein- und Ausatmen. Das ist eine positive Gewohnheit. Die Tatsache, dass wir positive Gewohnheitsenergien schaffen und pflegen können, beweist, dass freier Wille möglich ist. Bis zu einem gewissen Grad ist auch Souveränität sich selbst gegenüber möglich. Das Speicherbewusstsein und die ihm innewohnenden Gewohnheitsenergien sind die Grundlage unserer täglichen Gedanken, Taten und Worte. Sie denken, sagen und tun Dinge, und dahinter steht das Speicherbewusstsein, das Ihnen Ihr Verhalten diktiert. Die Qualität der Samen im Speicherbewusstsein ist dafür sehr wichtig. Sie verfügen über ein gewisses Ausmaß an Weisheit und Mitgefühl, und Sie verfügen auch über ein gewisses Ausmaß an Wut und unterscheidendem Denken. Durch unsere spirituelle Ausbildung und unsere Praxis können wir erkennen, dass in uns auf der unbewussten Ebene ein Mechanismus am Werk ist, der uns gehen, sitzen, aufstehen, denken, sprechen und handeln lässt.

Sobald das Geistbewusstsein zu wirken beginnt, kann die Energie der Achtsamkeit erzeugt werden, und uns wird plötzlich bewusst, was geschieht. Die Absicht zu gehen, einen Schritt zu machen, mag auf der Ebene des Stoffwechsels entstehen. Aber es ist möglich, sich dieser Absicht bewusst zu werden. »Einatmend weiß ich, dass ich die Absicht habe einzuatmen«, noch bevor Sie es tun. Durch Achtsamkeit ändert sich die Situation. Auch wenn die Absicht sich zu manifestieren beginnt, kann die Achtsamkeit noch den Kurs ändern, und das ohne zu kämpfen. Die Achtsamkeit lässt auch andere, positive Samen in uns sich manifestieren. Wir haben Verbündete in unserem Speicherbewusstsein.

Achtsamkeit lädt ein. Achtsamkeit ist die Gärtnerin, die der Fähigkeit der Erde, Blumen und Früchte bereitzustellen, vertraut. Manchmal spielt Achtsamkeit die Rolle der Initiatorin. Angenommen, Sie sind achtsam, dass Ihre Liebste vor Ihnen sitzt. Einatmend weiß ich, dass meine Liebste vor mir sitzt. Und ich weiß, dass dies etwas Wichtiges ist. Sie ist lebendig. Sie ist da vor mir gegenwärtig. Es wäre gut, etwas Freundliches zu ihr zu sagen, denn morgen bin ich vielleicht nicht da, um es zu sagen. Und dann schauen Sie sie an und sagen: »Liebling, ich weiß, dass du da bist, und es macht mich so glücklich.« Achtsamkeit kann also Gedanken, Wort und Handlungen initiieren. Und Achtsamkeit kann später kommen, kann Handlungen begleiten, oder sie kann die Initiatorin von Gedanken, Worten und Taten sein. Wenn wir diesen Prozess verstehen, erkennen wir, dass wir die Chance haben, frei zu sein. Und die große Freiheit beginnt mit diesen kleinen, winzigen Freiheiten, die wir dank unserer Achtsamkeit vollbringen.

Unsere Souveränität gewinnen

Für mich ist Achtsamkeit unsere erstmalige reale Chance auf Freiheit, auf freien Willen. Im Zustand der Zerstreuung ist unser Geist nicht mit unserem Körper zusammen. Unser Körper mag hier sein, doch unser Geist ist in der Vergangenheit, in der Zukunft, gefangen in unserer Wut, unserer Angst, unseren Projektionen. Körper und Geist sind nicht zusammen. Durch unser achtsames Atmen bringen wir den Geist zum Körper zurück. Dadurch können wir zu unserem besseren Selbst werden. Wir gewinnen ein gewisses Maß an Souveränität über uns zurück. Und wir wissen, dass ein bestimmtes Maß an Konzentration und Achtsamkeit vorhanden ist, wenn wir Geist und Körper wieder zusammenbringen. Sie sind im Hier und Jetzt gegründet und sind dessen gewahr, was geschieht. Sie sind nicht länger ein Opfer Ihrer Situation, der Situation Ihres Körpers, Ihres Speicherbewusstseins, Ihrer Umgebung. Darum ist Achtsamkeit so wichtig. Sie hilft uns, dessen gewahr zu sein, was geschieht. Sie hilft uns, etwas zu initiieren. Sie hilft uns, unsere Souveränität wiederzufinden, wiederzugewinnen.

Durch die Achtsamkeit hören wir auf, ein Opfer unserer Gewohnheitsenergien zu sein. Wir bekämpfen sie nicht, wir werden uns ihrer bewusst und umarmen sie sanft. Durch die Praxis des achtsamen Atmens wird uns bewusst, dass Gewohnheitsenergie aufsteigt. Wir können sagen: »Oh, meine liebe Gewohnheitsenergie, du bist eine langjährige Freundin von mir. Ich kenne dich sehr gut und werde gut auf dich aufpassen.« Durch diese Art der Achtsamkeit bewahren Sie Ihre Freiheit, sind nicht länger das Opfer der Gewohnheitsenergie. Sie wissen, wie Sie die verschiedensten Bedingungen nutzen können, um Ihre Achtsamkeit zu stärken. Eine Gemeinschaft, die Achtsamkeit praktiziert, der Klang einer Glocke, die Übung der Gehmeditation, all dies sind unterstützende Elemente.

Mit dem Geistbewusstsein und der Achtsamkeitspraxis können wir die Vergangenheit in die Gegenwart bringen. Wir sind im gegenwärtigen Moment gegründet, wir verlieren uns nicht in der Vergangenheit, doch wir können die Vergangenheit in den gegenwärtigen Moment bringen, um sie uns hier noch einmal anzuschauen und sie zu untersuchen. In Achtsamkeit gegründet, können wir die Dinge, die in der Vergangenheit geschahen, Revue passieren lassen. »Jedes Mal, wenn ich dies getan habe, erntete ich dies oder jenes.« Sie können das Gesetz von Ursache und Wirkung erforschen. In dieser Weise kann das Geistbewusstsein von der Vergangenheit lernen. Aus der Vergangenheit lernen gibt uns Freiheit, und diese hilft uns, gute Entscheidungen zu treffen, Entscheidungen, die uns helfen, weder im gegenwärtigen Moment noch in der Zukunft zu leiden. Das Geistbewusstsein kann uns darin unterstützen, aus der Vergangenheit zu lernen und auch aus der Zukunft, denn die Zukunft ist hier und jetzt vorhanden. Wir wissen, dass die Zukunft nur aus dem gegenwärtigen Augenblick bestehen wird. Die Substanz, aus der die Zukunft gemacht wird, ist der gegenwärtige Augenblick. Von daher sehen wir die Zukunft, wenn wir tief in den gegenwärtigen Moment schauen. Sind jetzt Frieden, Harmonie, rechtes Bemühen und Achtsamkeit da, dann wissen wir, dass die Zukunft gut sein wird. Doch sind wir im gegenwärtigen Moment nur ein Opfer unserer Gewohnheitsenergien, dann wird unsere Zukunft nicht so gut sein. Wir können die Zukunft bereits jetzt erkennen. Auf diese Weise kann die Achtsamkeit nicht nur den gegenwärtigen Moment enthüllen, sondern auch die Vergangenheit und die Zukunft.

Vielleicht hat jemand Schwierigkeiten, er selbst zu sein. Wann immer er sich bei einer Besprechung provoziert fühlt, explodiert er. Eines Tages sagt eine Freundin zu ihm: »Versuch es noch einmal, und dieses Mal wird es dir gelingen.« Doch er weigert sich, das zu versuchen, denn er weiß aus Erfahrung, wie leicht er in Besprechungen explodiert; er denkt, er ist einfach so. Doch die Freundin sagt: »Ich werde dabei sein, und das wird den Unterschied ausmachen. Ich werde deine Hand halten. Und wenn du spürst, dass ich deine Hand drücke, dann kehre zu deinem achtsamen Atmen zurück und sage nichts mehr.« Die Freundin übt so mit ihm. Dann gehen beide zu der Besprechung. Während der ganzen Zeit hält sie die Hand des Freundes. Als sich die Situation zuspitzt, drückt sie seine Hand. Da er bereits die Praxis des achtsamen Atmens kennt, atmet er achtsam ein und aus und hält sich davon ab, etwas zu sagen. Vielleicht zum ersten Mal in seinem Leben geht er in einer Besprechung nicht in die

Luft, denn ein neues Element ist in sein Leben getreten – die Achtsamkeit.

Die unterstützende Freundin übt sich in liebender Güte; sie sieht sein Leiden und bietet ihre Unterstützung an. Diese Freundin ist eine Bedingung für das Erwachen, für den Wandel. Der Buddha, die Bodhisattvas und all jene, die Mitgefühl und Verstehen praktizieren, versuchen uns allzeit, mit hilfreichen Bedingungen zu versorgen, die positiv auf unser Leben einwirken können. Manchmal werden Sie selbst es sein, manchmal eine Freundin, die Ihnen die Bedingungen für Ihr Erwachen verschafft. Der Wandel kommt von innen und von außen, doch der Wandel kommt und gibt jedem und jeder von uns die Chance auf freien Willen.

Individuelles und kollektives Karma

Wir alle haben diese Chance auf freien Willen, aber wir können sie nicht individuell haben. Unser individuelles Karma, unsere Umgebung und unser kollektives Karma bedingen einander und sind voneinander abhängig. Wir haben vorher bereits das Beispiel der Kerze verwendet. Die Kerze bietet nicht nur Helligkeit, sondern auch Wärme, Duft und sogar Wasser und Kohlenstoff. Das gibt die Kerze ihrer Umgebung. Teilweise schafft die Kerze ihr eigenes Umfeld. Und das, was sie schafft, beeinflusst auch wiederum die Kerze. Das Licht, das sie ausstrahlt, beleuchtet seinerseits die Kerze. Sie können die Kerze deutlich in ihrem eigenen Licht sehen. Und die

Hitze lässt das Wachs schmelzen, sodass die Aufnahme des Brennstoffs einfacher wird. Alles, was die Kerze bietet, empfängt sie auch.

Angenommen, es gibt da noch eine zweite Kerze, und diese Kerze beleuchtet ebenfalls ihre Umgebung. Wir mögen die erste Kerze für individuell halten, aber wir sehen, dass ihr Licht auch die zweite Kerze erreicht. Das Kerzenlicht ist weder ganz individuell noch ganz kollektiv. Es gibt nichts, das vollständig individuell oder kollektiv wäre. Der Teil existiert im Ganzen, und das Ganze umfasst den Teil. Das Licht der Kerzen ist eine kollektive Manifestation. Es ist das Ergebnis nicht einer Kerze, sondern beider. Stellen Sie sich in dieser Weise tausend brennende Kerzen vor; ihr Licht ist eine kollektive Manifestation aller Kerzen.

Wenn Sie nach Plum Village kommen, dem Ort, an dem ich lebe, verbreiten Sie Ihre persönliche, individuelle Energie. Die Art, wie Sie denken, der Inhalt Ihrer Gedanken, die Art, wie Sie sprechen, der Inhalt Ihrer Worte, die Art, wie Sie handeln, der Inhalt Ihrer Handlungen – all das trägt zur Atmosphäre Plum Villages bei. Ist Ihr Denken mitfühlend und tolerant, tragen Sie positiv zur Schönheit, dem Frieden und der Liebe von Plum Village bei. Ist dagegen Ihr Denken voller Unterscheidungen, voller Sorgen und Hass, so ist Ihr Beitrag nicht positiv. Von daher ist alles zur selben Zeit kollektiv und persönlich. Das Kollektive besteht aus dem Persönlichen, *und* das Persönliche besteht aus dem Kollektiven.

Sie halten Ihre Augen für Ihren persönlichen Besitz. Doch im Lichte kollektiver Manifestation ist das nicht wahr. Erinnern Sie sich an das Beispiel des Busfahrers. Es scheint, als seien seine Sehnerven sein Eigentum, doch hängt das Leben der Passagiere davon ab. Das Kollektive und das Individuelle durchdringen und bedingen einander. Von daher kann auch Karma als kollektive Manifestation angesehen werden.

Reifung ist teilweise individuell, basiert auf Ihren Gedanken, Handlungen und Worten. Doch sie vollzieht sich auch kollektiv. Betrachten Sie einen Wald, so wissen Sie, dass die Bäume Sie mit Sauerstoff versorgen, und dann sehen Sie selbst sich als Wald, als Bäume, denn ohne sie könnten Sie nicht atmen. Sie erkennen, dass der Wald, dass die Bäume Teil Ihres Körpers sind. In großen Städten gibt es meist einen großen, zentralen Park. Dieser Park ist unsere Lunge, die kollektive Lunge jedes Stadtbewohners, sonst hätten wir nicht genügend Sauerstoff zum Atmen. Wir sehen, wie wichtig es ist, einen Park zu haben. Dieser Park ist unsere Lunge außerhalb unseres Körpers.

Ich weiß, dass in mir ein Herz schlägt, und wenn es nicht mehr funktioniert, werde ich sofort sterben. Von daher tue ich alles, was mir möglich ist, um mein Herz zu schützen und gesund zu erhalten. Doch wenn ich die Sonne betrachte und ein- und ausatme, sehe ich, dass die Sonne ein weiteres Herz von mir ist. Wenn die Sonne nicht mehr schiene, würde ich sofort sterben. Daher sehe ich die Sonne als mein Herz.[5] Praktizieren Sie auf diese Weise, dann sehen Sie sich nicht mehr nur auf Ihren Körper beschränkt. Sie erkennen, dass Ihre Umgebung Sie ist. Daher ist der zweite Aspekt der Rei-

---

5 Siehe Thich Nhat Hanh, *Die Sonne, mein Herz*, Berlin: Theseus Verlag, 1998.

fung die Umgebung. Gut für unsere Umwelt zu sorgen bedeutet, gut für uns zu sorgen.

Das *Diamant-Sutra* lehrt, dass es vier Vorstellungen, vier falsche Wahrnehmungen gibt, die wir überwinden müssen, damit wir klar sehen können. Die erste ist die Vorstellung von einem Selbst. Das ist nicht so schwierig zu verstehen, denn wir wissen, dass das Selbst nur aus Nicht-Selbst-Elementen besteht. Die zweite Vorstellung ist die von menschlichen Wesen, und wir wissen, dass menschliche Wesen nur aus Nicht-menschlichen-Elementen bestehen. Die dritte Vorstellung ist die von Lebewesen. Üblicherweise unterscheiden wir zwischen Lebewesen und der unbelebten Natur aus Pflanzen und Mineralien und so weiter. Wir wissen, dass die Tiere keine Grundlage mehr haben, sich zu manifestieren, wenn wir die Mineralien vergiften und die Pflanzen töten. Vergiften wir die mineralische Welt, dann haben die Pflanzen keine Möglichkeit, als Nahrung für die tierische Welt zu wachsen. Eine solche Vision kann Ihnen helfen zu erkennen, dass Ihr Körper auch die Pflanzen ist, Ihr Körper auch die Mineralien ist, und dass der Schutz der Umwelt somit auch bedeutet, sich selbst zu schützen. Die letzte Vorstellung, die wir auflösen müssen, ist die einer Lebensspanne. Wir sind in der Vorstellung gefangen, dass wir hier auf dieser Erde für vielleicht achtzig Jahre sein werden. Diese Vorstellung stimmt nicht mit der Wirklichkeit überein. Die Einsicht, dass wir weder geboren werden noch sterben, ist der Brennstoff, der uns hilft, die Vorstellung einer Lebensspanne niederzubrennen.

Ihre Umgebung ist eine kollektive, aber auch Sie sind eine kollektive Manifestation. Ihr Leben hängt davon ab, dass andere die Bedingungen für Ihren Lebensunterhalt fördern. Das Leben anderer hängt, sind Sie die Fahrerin, sehr stark davon ab, wie klar Sie die Straße sehen. Ihre Augen sind von daher eine kollektive Manifestation, Ihr Geist ist Teil unser aller Reifung.

Auf dem Logo von Plum Village sind die Worte *smrti* (Achtsamkeit), *samadhi* (Konzentration) und *prajña* (Einsicht) zu sehen. In unserer Praxis kultivieren wir Freiheiten. Als Praktizierende der Achtsamkeit glauben wir, dass Freiheit möglich ist. Unser Glaube basiert aber nicht auf abstrakten Ideen. Wir schauen uns um. Wir sehen, dass es unter unseren spirituellen Brüdern und Schwestern, unter unseren Mitpraktizierenden einige gibt, die heute über mehr Freiheit verfügen als noch vor drei Jahren. Unser Glaube basiert daher auf direkter Erfahrung und nicht auf Wunschdenken. Betrachten wir uns, so können wir sehen, dass wir heute etwas mehr Freiheit haben als gestern.

Unsere Praxis besteht darin, Körper und Geist zusammenzubringen, um unser besseres Selbst zu sein. Die Qualität unseres Seins wird durch die Energie unserer Achtsamkeit, Konzentration und Einsicht bestimmt. Mit dieser Energie können wir eine Reihe von Hindernissen beseitigen, die unseren Weg blockieren. Man kann den Weg des Buddha als Weg der Freiheit verstehen. Frieden, Freiheit, Erlösung können wir in unserem täglichen Leben beobachten. Schauen wir uns selbst an, schauen wir unsere Dharma-Schwestern und -Brüder an, bemerken wir, dass es da Fortschritte gibt, dass ein Befreiungsprozess stattfindet, in dem wir uns gegenseitig unterstützen können. Unsere Praxis zielt nicht nur auf individuelle Freiheit, sondern auf kollektive Freiheit und Befreiung. Wir wissen, dass das möglich ist.

Glück als Gewohnheit

Wie können wir die Praxis des Nicht-Selbst erlernen? Wenn Sie etwas zum ersten Mal erlernen, benutzen Sie Ihr Geistbewusstsein. Nach einiger Zeit ist es uns zur Gewohnheit geworden, und das Geistbewusstsein muss sich dessen nicht mehr bewusst sein. Es gibt einen Prozess, Gewohnheiten herauszubilden, eine Tendenz in uns, alles zu automatisieren und unser Speicherbewusstsein zu nutzen, sodass wir etwas tun können, ohne es mit unserer Aufmerksamkeit zu begleiten, das Gehen zum Beispiel. Wenn Sie gehen, kann Ihr Geist gänzlich mit Denken über andere Dinge beschäftigt sein, und doch arbeitet das Sehbewusstsein so gut mit dem Speicherbewusstsein zusammen, dass Sie Unfälle vermeiden können.

Wir nutzen diesen Prozess, Informationen ins Speicherbewusstsein zu verlagern, um Gewohnheiten herauszubilden. Wenn Sie zu sehr und zu oft Ihr Geistbewusstsein einschalten, werden Sie schnell alt. Ihre Sorgen, Ihr Denken, Ihr Planen und Ihre Reflexionen erfordern eine Menge Energie. Im alten China verbrachte ein Mann namens Mu Thu Tu nur eine Nacht damit, sich angstvoll Sorgen zu machen, und am Morgen waren seine Haare schlohweiß. Tun Sie das nicht! Benutzen Sie Ihr Geistbewusstsein nicht zu sehr; es verbraucht viel Energie. Es ist besser, zu *sein* als zu denken.

Das bedeutet nicht, dass wir unsere Achtsamkeit verlieren sollten, vielmehr wird unsere Achtsamkeit eine Gewohnheit, die wir praktizieren, ohne uns anzustrengen. Auf der Ebene des Geistbewusstseins können wir uns in der Gewohnheit der Achtsamkeit üben, die dann in unser Speicherbewusstsein einsinken und dort ein Muster der Achtsamkeit schaffen wird. Achtsamkeit vermag das Gehirn anzuregen, das, was wir wahrnehmen, auf eine neue Weise aufzunehmen, sodass wir nicht nur automatisch agieren. Ist es möglich, unser Speicherbewusstsein neu zu programmieren, sodass es mit Achtsamkeit statt mit Achtlosigkeit antwortet? Ist es möglich, in unser Speicherbewusstsein die Gewohnheit des Glücks einzuprägen?

Um das zu tun, müssen wir Achtsamkeit mit unserem Körper und unserem Speicherbewusstsein erlernen, statt nur mit unserem Geistbewusstsein. Die Lektion besteht darin, unseren Körper als Bewusstsein zu behandeln. Die Praxis muss unseren Körper einschließen. Sie können nicht nur mit dem Geist allein praktizieren, denn Ihr Körper ist ein Aspekt Ihres Bewusstseins, und Ihr Bewusstsein ist ein Teil Ihres Körpers.

Sind unser Speicherbewusstsein und unser Sinnesbewusstsein (das wir auch unser Körperbewusstsein nennen können) in Harmonie, dann ist es einfacher für uns, die Gewohnheit des Glücks zu kultivieren. Wenn wir gerade erst mit der Praxis beginnen, müssen wir uns um Sammlung bemühen, wenn wir die Glocke hören, uns bemühen, den Klang der Glocke zu genießen, achtsam ein- und auszuatmen und zur Ruhe zu kommen. Wir brauchen dazu viel Energie. Doch nachdem wir uns sechs Monate, ein Jahr, zwei Jahre darin geübt haben, wird das ganz natürlich geschehen, und unser Geist muss sich nicht mehr einschalten. Die Glocke dringt sofort durch unser Hörbewusstsein zu unserem Speicherbewusstsein, und die Antwort erfolgt ganz natürlich. Wir müssen uns nicht mehr anstrengen oder eine Menge Energie verbrauchen wie noch am Anfang. Auf diese Weise wird die Praxis zu einer Gewohnheit. Ist sie das geworden, werden wir auf der Ebene des Geistbewusstseins nicht mehr allzu viel Energie aufwenden müssen. Das zeigt, dass gute Praxis schlechte Gewohnheiten transformieren kann, die uns nicht länger dienlich sind. Gute Praxis kann auch gute Gewohnheiten schaffen. Es wird eine Zeit kommen, in der wir nicht mehr unser Geistbewusstsein brauchen, um Entscheidungen zu treffen – wir praktizieren ganz natürlich. Viele von uns müssen sich nicht mehr dafür entscheiden, achtsam zu atmen. Hören wir die Glocke, atmen wir achtsam, und wir genießen es. Ein Verhalten ist also energetisch gesehen weniger aufwändig, sobald es eine Gewohnheit geworden ist.

Achtsamkeit ist eine Praxis, die wir genießen sollten, sie ist nicht dazu da, unser Leben schwieriger zu machen. Die Praxis ist keine harte Arbeit, sie ist eine Sache der Freude und des Genusses. Und Freude und Genuss können eine Gewohnheit werden. Einige von uns kennen nur die Gewohnheit des Leidens. Andere haben schon die Gewohnheit des Lächelns und des Glücks kultiviert. Die Fähigkeit zum Glück ist das Beste, was wir pflegen können. Bitte genießen Sie Ihr Sitzen, genießen Sie Ihr Gehen. Wir genießen das Sitzen und Gehen für uns selbst, für unsere Vorfahren, unsere Eltern, unsere Freundinnen und Freunde, für unsere Liebsten und für unsere sogenannten Feinde. Gehen wie ein Buddha – das ist unsere Praxis. Wir müssen nicht alle Sutras kennen und verstehen, alle Worte des Buddha, um so gehen zu können wie ein Buddha. Nein. Wir brauchen dazu nur unsere Füße und unser Gewahrsein. Wir können unseren Tee achtsam trinken, unsere Zähne achtsam putzen, achtsam atmen, einen achtsamen Schritt machen. Und wir können es mit Freude tun, ohne Kampf oder Anstrengung. Es ist eine Angelegenheit von Freude und Genuss.

Wahres Glück erwächst aus der Achtsamkeit. Durch die Achtsamkeit können wir die vielen Bedingungen für unser Glück im Hier und Jetzt erkennen. Die Konzentration lässt uns tiefer mit diesen Bedingungen in Berührung kommen. Mit ausreichender Achtsamkeit und Konzentration bildet sich Einsicht. Mit tiefer Einsicht sind wir von falschen Wahrnehmungen frei und können unsere Freiheit für lange Zeit bewahren. Mit tiefer Einsicht werden wir nicht mehr zornig, verzweifeln nicht mehr, sondern können jeden Augenblick unseres Lebens genießen.

Einige von uns brauchen eine gewisse Dosis Leid, um Glück erkennen zu können. Wenn Sie gerade gelitten haben, sehen Sie leicht, dass Nicht-Leiden etwas Wundervolles ist. Doch es gibt auch welche unter uns, die das Leiden nicht brauchen, um zu erkennen, dass Nicht-Leiden Glück ist, dass es wundervoll ist. Durch die Achtsamkeit werden wir des Leidens um uns herum gewahr. Viele Menschen können nicht so wie wir in Ruhe und Sicherheit sitzen. Im Mittleren Osten oder im Irak kann jederzeit in ihrer Nähe eine Bombe explodieren. Was sie wollen, ist Frieden. Was sie wollen, ist das

Aufhören des Tötens. Aber das gibt es für sie nicht. Viele von uns sitzen in viel größerer Sicherheit, in einer Situation, in der diese Art des Leidens gar nicht existiert. Aber wir scheinen das nicht wertzuschätzen.

Achtsamkeit hilft uns, dessen gewahr zu sein, was um uns herum geschieht. Und plötzlich wissen wir, wie wertvoll die Bedingungen des Friedens und Glücks sind, die für uns im Hier und Jetzt verfügbar sind. Wir müssen nirgends hingehen, um Leiden zu verstehen. Wir müssen nur achtsam sein. Sie können dort sein, wo Sie sind, und die Achtsamkeit wird Ihnen helfen, das Leiden in der Welt zu berühren und zu erkennen, dass viele Bedingungen des Glücks für Sie existieren. Sie können sich sicher, glücklich, freudvoll und kraftvoll genug fühlen, um die Situation in Ihrem Umfeld zu verändern.

Das Gefühl tiefster Verzweiflung ist das schlimmste, das Menschen heimsuchen kann. Aus Verzweiflung wollen sie sich am liebsten umbringen oder jemand anderen, um ihren Zorn auszudrücken. Es gibt viele Menschen, die bereit sind zu sterben, um andere damit zu bestrafen; sie haben so viel gelitten. Wie kann man ihnen einen Tropfen des Mitgefühlsnektars anbieten? Wie kann ein Tropfen dieses Nektars in ihr Herz fallen, das so voller Wut und Verzweiflung ist? Jeder von uns, der Achtsamkeit praktiziert, kann mit den nährenden, heilenden Wundern des Lebens in Berührung kommen, aber auch mit dem Leiden, sodass unser Herz voller Mitgefühl sein kann und wir ein Instrument des Bodhisattvas Avalokiteshvara werden, des Bodhisattvas des Mitgefühls. Es ist uns immer möglich, etwas zu tun, um wie Avalokiteshvara den Nektar des Mitgefühls in eine verzweifelte Situation zu bringen.

Methoden, um Glück zu kultivieren

Ich möchte Ihnen im Folgenden einige Übungen vorstellen, die Ihnen helfen können, Konzentration, Achtsamkeit und Einsicht zu kultivieren, basierend auf dem, was wir über Körper und Geist erfahren haben. Diese Übungen sind: die Drei Tore der Befreiung, auch die Drei Konzentrationen genannt, die Sechs *Paramita*, Sangha-, Gemeinschaftsbildung und nicht-unterscheidendes Denken. Diese Lehren sind das Herz der buddhistischen Praxis und das Geheimnis des Glücks. Diese Lehren hängen voneinander ab und unterstützen einander. Ist Ihre Konzentration kraftvoll genug, werden Sie Entdeckungen machen, Einsichten gewinnen können. Sie müssen präsent sein, Körper und Geist vereint, vollkommen gegenwärtig – das ist Achtsamkeit. Und in diesem Seinszustand können Sie sich konzentrieren. Ist Ihre Konzentration kraftvoll, haben Sie die Chance eines Durchbruchs zum Glück.

Die Drei Tore der Befreiung
oder die Drei Konzentrationen

Es gibt Drei Tore der Befreiung. Diese werden auch die Drei Konzentrationen genannt.

Leerheit

Das erste Tor ist Leerheit (*shunyata*). Leerheit ist keine abstrakte Philosophie, kein Versuch, Wirklichkeit zu beschreiben. Leerheit ist als Instrument, als Werkzeug gedacht. Und wir müssen mit der Vorstellung, dem Begriff der Leerheit sehr geschickt umgehen, um uns nicht darin zu verfangen. Der Begriff der Leerheit und die Einsicht in Leerheit sind zwei verschiedene Dinge. Lassen Sie uns wieder eine Kerze zur Illustration nehmen. Um eine Kerze anzuzünden, zünden Sie ein Streichholz an; Sie brauchen eine Flamme. Ohne Streichholz können Sie kein Feuer machen. Ihr letztendliches Ziel ist das Feuer, nicht das Streichholz. Der Buddha bietet Ihnen den Begriff der Leerheit an, denn er muss zur Kommunikation Worte und Vorstellungen benutzen.

In geschickter Weise können Sie den Begriff der Leerheit nutzen, um Einsicht in Leerheit zu erlangen. Sobald sich das Feuer manifestiert, wird es den Begriff der Leerheit verzehren, zerstören. Sind Sie geschickt darin, die Vorstellung der Leerheit zu nutzen, dann gewinnen Sie Einsicht in Leerheit und sind frei von dem Wort »Leerheit«. Ich hoffe, Sie können den Unterschied zwischen der Einsicht in Leerheit und der Vorstellung der Leerheit erkennen.

Shunyata ist keine Doktrin, ist kein Versuch, die Wahrheit zu beschreiben, sondern ein geschicktes Mittel, um die Wahrheit zu erlangen. Es ist wie der Finger, der auf den Mond weist. Der Mond ist so wunderschön. Der Finger ist nicht der Mond. Wenn ich mit meinem Finger auf den Mond deuten und sagen würde: »Liebe Freundinnen und Freunde, dort ist der Mond«, und Sie ergriffen den Finger und sagten: »Oh, das ist der Mond« – dann hätten Sie nicht den Mond. Sie hätten sich im Finger verhakt, könnten den Mond nicht sehen. Das Dharma des Buddha ist der Finger, nicht der Mond.

Im *Herz-Sutra* heißt es: »Form ist Leerheit, Leerheit ist Form.« Was bedeutet das? Bodhisattva Avalokiteshvara sagte: »Alles ist leer.« Und wir würden ihn gern fragen: »Sie sagen, alles sei leer, doch ›leer von was‹?« Denn leer sein heißt immer leer von etwas. Stellen Sie sich ein Glas vor. Wir stimmen darin überein, dass es leer ist. Doch es ist wichtig, die Frage zu stellen, die zunächst sinnlos erscheint, es aber gar nicht ist: »Leer von was?« Von Tee vielleicht. Leer bedeutet leer von etwas. Es ist wie beim Bewusstsein, der Wahrnehmung, dem Gefühl. Fühlen bedeutet etwas fühlen. Gewahr sein bedeutet etwas gewahr sein. Achtsam sein bedeutet gegenüber etwas achtsam sein. Das Objekt ist zur gleichen Zeit da wie das Subjekt. Es kann keinen Geist ohne Objekt des Geistes geben. Das ist sehr einfach, sehr klar. Wir sind uns also einig, dass das Glas leer von Tee ist. Aber wir können nicht sagen, dass es leer von Luft wäre. Es ist voller Luft.

Wenn ich ein Blatt betrachte, sehe ich, dass es voll ist, vollkommen erfüllt. Ich berühre das Blatt und kann dank des wunderbaren Instrumentes des Geistes sehen, dass ich, das Blatt berührend, auch eine Wolke berühre. Die Wolke ist im Blatt gegenwärtig. Ich weiß, dass ohne Wolke, ohne Regen kein Baum wachsen könnte. Und darum berühre ich Nicht-Blatt-Elemente, wenn ich ein Blatt berühre. Eines dieser Nicht-Blatt-Elemente ist die Wolke. Ich berühre die Wolke, ich berühre den Regen, indem ich das Blatt berühre. Das Blatt berührend weiß ich, dass Wasser, Regen, Wolke im Blatt gegenwärtig sind. Ich berühre auch den Sonnenschein im Blatt. Ich weiß, dass ohne den Sonnenschein nichts wachsen könnte. Ich berühre die Sonne, ohne mich zu verbrennen. Und ich weiß, dass die Sonne im Blatt präsent ist. Setze ich meine Meditation fort, sehe ich, dass ich die Mineralien im Boden berühre, dass ich Zeit berühre, dass ich Raum berühre. Ich berühre mein eigenes Bewusstsein. Der ganze Kosmos ist im Blatt – Raum, Zeit, Bewusstsein, Wasser, Erde, Luft und so weiter –, wie könnten wir da sagen, es sei leer?

Es ist wahr, das Blatt ist erfüllt von allem, mit Ausnahme eines Dings und dies ist eine eigenständige, abgetrennte Existenz, ein »Selbst«. Ein Blatt kann nicht aus sich selbst heraus und für sich allein existieren, ein Blatt muss sich mit allem anderen im Kosmos wechselseitig durchdringen und bedingen. Ein Ding muss sich auf alle anderen Dinge stützen, um sich zu manifestieren. Ein Ding kann nicht aus sich selbst heraus existieren. Leerheit bedeutet also leer von einem eigenständigen Selbst. Alles enthält und umfasst alles andere. Betrachten wir ein Blatt, sehen wir nur die Nicht-Blatt-Elemente. Der Buddha besteht nur aus Nicht-Buddha-Elementen. Der Buddhismus besteht nur aus Nicht-Buddhismus-Elementen. Und ich bestehe nur aus Nicht-Ich-Elementen.

Zeichenlosigkeit

Das zweite Tor der Befreiung, die zweite Konzentration, ist Zeichenlosigkeit (*animita*). Zeichenlosigkeit bedeutet, sich nicht in den Erscheinungsformen der Dinge zu verfangen. Es scheint, als hätte die Wolke, die wir am Himmel beobachten, einen Anfang, und wir sprechen von der »Geburt« einer Wolke. Und es sieht so aus, als würde die Wolke irgendwann heute Abend sterben und nicht länger am Himmel sein. Wir haben Vorstellungen von Geburt und Tod. Doch können wir durch die Praxis des tiefen Schauens die Natur von Nicht-Geburt und Nicht-Tod der Wolke berühren. Leben wir unser Leben voller Achtsamkeit, können wir die Natur der Zeichenlosigkeit berühren. Tee trinkend können Sie Ihre geliebte Wolke in der Teetasse erkennen. Die Wolke kann die Form eines Eiswürfels angenommen haben. Oder die Form von Schnee in den Pyrenäen. Die Wolke kann in der Eiscreme sein, die Ihr Kind isst. Durch die Weisheit der Zeichenlosigkeit entdecken Sie also, dass nichts geboren wird, nichts sterben kann – und Sie haben Nicht-Angst erlangt. Wahres Glück, vollkommenes Glück ist ohne Nicht-Angst nicht möglich. Schauen Sie tief und berühren Sie die Natur von Nicht-Geburt und Nicht-Tod, wird sich alle Angst in Ihnen auflösen.

In uns gibt es das Element der Täuschung und Verblendung, und es gibt das Element des klaren Gewahrseins. Das Element der Verblendung lässt uns leiden, das Element des klaren Gewahrseins lässt uns zum Buddha werden. So kann auch die Dualität zwischen Gehirn und Geist aufgelöst werden. Wirklichkeit drückt sich als Gehirn oder als Geist aus. Das Gehirn entsteht aber nicht aus dem Geist, noch entwickelt sich der Geist auf der Grundlage des Gehirns. So sollte man es nicht sehen. Beide, Geist und Gehirn, manifestieren sich aus dem Grund des Speicherbewusstseins heraus und unterstützen einander in ihrer jeweiligen Manifestation. Ohne Geist wäre das Gehirn nicht möglich, ohne Gehirn könnte sich der Geist nicht manifestieren. Wie bei dem Blatt, wie bei der Blume – eine Blume muss sich auf die Nicht-Blume-Elemente stützen, um sich zu manifestieren. Das Gleiche gilt für den Geist. Das Gleiche gilt für das Gehirn.

Ziellosigkeit

Das dritte Tor der Befreiung, die dritte Konzentration, ist Ziellosigkeit (*apranihita*). Ohne Sorgen, ohne Angst sind wir frei, jeden Augenblick unseres Lebens zu genießen. Keine großen Anstrengungen, nur sein. Welch eine Freude! Das scheint unserem gewohnten Verhalten zu widersprechen. Wir bemühen uns so sehr darum, Glück zu erlangen, kämpfen um Frieden. Doch vielleicht sind unsere Anstrengungen, unsere Ziele, unsere Kämpfe genau die Hindernisse für unser Glück, unseren Frieden? Wir kennen alle die Erfahrung, wie wir verzweifelt nach einer Antwort suchen, die uns partout nicht einfallen will, und dann, wenn wir vollkommen loslassen und uns entspannen, dann kommt die Antwort spontan und ohne Mühe. Das ist Ziellosigkeit. Wir genießen unser Atmen, Teetrinken, unser achtsames Lächeln, achtsames Gehen, und die Einsichten stellen sich einfach ein, Verstehen kommt von selbst. Ziellosigkeit ist eine wunderbare Praxis. Sie ist so angenehm, so erfrischend; ich glaube, Wissenschaftler benötigen sie ebenso sehr wie Meditierende, um ihren Geist zu entspannen, um sich für die Möglichkeiten jenseits ihres Vorstellungsvermögens zu öffnen.

Viele wissenschaftliche Entdeckungen sind auf dem Boden der Ziellosigkeit erwachsen, denn wenn Sie nicht auf ein Ziel festgelegt sind, haben Sie mehr Möglichkeiten, zu neuen, ungewohnten Einsichten zu gelangen.

Die Sechs Paramita

Die Drei Konzentrationen oder Drei Tore der Befreiung führen zu tiefer Einsicht. Ein anderer Weg, Einsicht zu erlangen, sind die Sechs *Paramita*, sechs Techniken zum Glück. *Paramita* bedeutet, dass wir von diesem Ufer zum anderen übersetzen. Am anderen Ufer ist das Glück. Das hiesige Ufer mag das Ufer der Angst sein, doch wir können zum Ufer der Nicht-Angst übersetzen. Das Ufer hier mag das Ufer der Eifersucht sein, doch es ist uns möglich, zum Ufer der Nicht-Unterscheidung, der Nicht-Angst und Liebe überzusetzen. Manchmal brauchen wir nur eine Sekunde, um vom Ufer des Leidens zum Ufer des Wohlergehens zu gelangen.

Geben

Die erste Übung ist die Praxis des Gebens, *dana paramita*. Es ist wundervoll zu geben. Sind Sie auf jemanden wütend, dann möchten Sie ihn meist gern bestrafen. Sie wollen ihm etwas vorenthalten oder wegnehmen, das ist unsere ganz natürliche Neigung. Doch wenn Sie es schaffen, dieser Person stattdessen etwas zu geben, dann wird Ihre Wut verschwinden, und Sie werden sofort ans andere Ufer, das Ufer der Nicht-Wut, gelangen. Versuchen Sie es. Nehmen wir an, Sie werden von Zeit zu Zeit zornig auf Ihre Partnerin, und Sie wissen, dass dies wohl zukünftig auch wieder so sein wird. Kaufen Sie ein Geschenk, oder stellen Sie eins her, und verstecken Sie es irgendwo. Wenn Sie dann das nächste Mal ärgerlich auf Ihre Partnerin werden, dann tun oder sagen Sie nichts, holen Sie nur das Geschenk hervor, und geben Sie es ihr. Ihr Zorn wird dann verraucht sein. Das ist die Empfehlung des Buddha.

Der Buddha lehrte uns viele Möglichkeiten, mit Wut und Ärger umzugehen, und dies ist eine davon. Wenn Sie auf jemanden wütend sind, so geben Sie ihm etwas, praktizieren Sie Großzügigkeit. Sie müssen nicht reich sein, um Geben zu praktizieren. Sie müssen nicht in den Supermarkt gehen, um ein Geschenk zu kaufen. Die Art, wie Sie ihn anschauen, ist bereits ein Geschenk. Es ist Mitgefühl in Ihren Augen. Die Art, wie Sie sprechen, ist ein Geschenk; was Sie sagen, ist so angenehm, so befreiend. Auch ein Brief, den Sie ihr schreiben, kann ein Geschenk sein. Sie sind so reich, was Ihr Denken, Ihre Worte, Ihre Taten angeht; Sie können immer großzügig sein. Seien Sie nicht sparsam. Sie können jederzeit geben, und das wird das Glück aller in Ihrem Umfeld fördern. Praktizieren Sie *dana paramita.* Geben Sie, und in jedem Augenblick werden Sie reicher und reicher. Das ist die erste Handlung eines Bodhisattvas, die Praxis des Gebens, Großzügigkeit. Bitte denken Sie daran, dass Sie nicht reich sein müssen, um sich im Geben zu üben.

Die Achtsamkeitsübungen

Die zweite Praxis sind die Achtsamkeitsübungen, *shila paramita.* Diese Praxis ist auch ein Geschenk – ein Geschenk für Sie und die Menschen, die Sie lieben. Verweilen Sie in diesen

Übungen, dann beschützen Sie sich damit, Sie machen sich schön, Sie fördern Ihre Ganzheit, Ihr Heilsein, und dies wird auch das Glück derer, die Sie lieben, unterstützen. Wenn wir die Achtsamkeitsübungen praktizieren, werden wir von der Energie des Buddha, des Dharma und der Sangha beschützt. Wir werden kein Leiden mehr für uns selbst und die Menschen in unserer Umgebung schaffen. Darum ist die Praxis der Achtsamkeitsübungen bereits ein Geschenk. Die fünf Achtsamkeitsübungen haben mit Integrität, Ehrlichkeit und Mitgefühl zu tun.[6] Sie umfassen den Schutz des Lebens, das Verhindern von Krieg und der Zerstörung des Lebens, Großzügigkeit, das Vermeiden von sexuellem Fehlverhalten, liebevolles Sprechen und tiefes Zuhören und achtsames Konsumieren.

Praktizierende der Achtsamkeitsübungen werden durch eine kraftvolle Energie beschützt, die Freiheit und Nicht-Angst bewahrt. Wenn Sie die Fünf Achtsamkeitsübungen praktizieren, sind Sie nicht mehr der Angst unterworfen, denn Ihr Körper ist rein. Sie fürchten sich vor nichts mehr. Das ist ein Geschenk an die ganze Gesellschaft, nicht nur an die, die wir lieben. Ein Bodhisattva ist jemand, der oder die sich durch die Praxis der Achtsamkeitsübungen schützt und aus dieser Praxis heraus der Welt sehr viel anzubieten hat.

---

6 Siehe Thich Nhat Hanh, *Jeden Augenblick genießen. Übungen zur Achtsamkeit*, Berlin: Theseus Verlag, 2004.

Herzensweite

Die dritte Praxis, die uns zum anderen Ufer übersetzen lässt, ist die Praxis der Herzensweite, *kshanti paramita*. Sie lässt unser Herz weiter und weiter werden. Wie können wir unsere Herzen Tag für Tag weiter werden lassen und unsere Fähigkeit stärken, alles zu umarmen? Der Buddha gab uns da ein wundervolles Beispiel: Angenommen Sie haben ein Glas Wasser und jemand schüttet eine Handvoll Salz hinein, so wäre das Wasser zu salzig, als dass Sie es noch trinken könnten. Doch nehmen wir an, jemand schüttete eine Handvoll Salz in einen reinen Gebirgsfluss. Der Fluss wäre tief und breit genug, sodass Sie das Wasser trinken könnten, ohne dass es nach Salz schmecken würde.

Ist Ihr Herz eng, dann leiden Sie viel. Doch wenn Ihr Herz weiter und größer wird, dann werden Sie nicht mehr so leiden müssen, selbst wenn Sie mit den gleichen Dingen konfrontiert sind. Das Geheimnis liegt also darin zu wissen, wie wir unserem Herzen helfen können, weiter und größer zu werden. Ist Ihr Herz eng, so können Sie einen anderen Menschen nicht akzeptieren, seine Unzulänglichkeiten nicht tolerieren. Doch wenn Ihr Herz weit ist, dann verfügen Sie über Verstehen und Mitgefühl, und Sie haben kein Problem mit ihm, Sie leiden nicht, und Sie können den anderen Menschen in Weitherzigkeit umarmen.

Wir leiden, weil unser Herz so eng ist. Und wir fordern, dass sich die andere Person ändern müsse, damit wir sie akzeptieren können.

Doch sind wir weitherzig, so geben wir keine Bedingungen vor, wir akzeptieren die anderen so, wie sie sind, und dadurch haben sie die Chance, sich zu verändern. Wie können wir weitherziger werden – das ist das Geheimnis. Aus unserem Verstehen erwächst Mitgefühl. Haben wir Mitgefühl, leiden wir nicht mehr. Wir leiden, weil wir nicht genügend Mitgefühl haben. Sobald wir genügend Mitgefühl haben, hört unser Leiden auf. Wir begegnen denselben Menschen, sind denselben Situationen ausgesetzt, aber wir leiden nicht mehr, weil unsere Liebe so umfassend geworden ist.

Weitherziger zu werden, uns in *kshanti paramita* zu üben, bedeutet, dass wir unsere Fähigkeit, alles und alle zu umarmen und nichts mehr auszuschließen, entwickeln. In wahrer Liebe unterscheiden wir nicht mehr. Was immer eines Menschen Hautfarbe oder seine religiöse oder politische Einstellung ist, wir akzeptieren ihn uneingeschränkt. Alles einzuschließen bedeutet Nicht-Unterscheidung. Die Praxis von *kshanti paramita* wird traditionell auch als Praxis der Geduld verstanden. Doch kann der Begriff »Geduld« leicht in die Irre führen. Wenn Sie versuchen, geduldig zu sein, dann leiden Sie. Doch wenn Ihr Herz weit und groß ist, dann scheinen Sie gar nicht mehr leiden zu können. Stellen Sie sich vor, dass Sie ein Gefäß voller Salz in einen Fluss schütten – der Fluss wird nicht leiden, denn er ist sehr, sehr groß. Menschen werden aus ihm Wasser schöpfen, um zu essen und zu trinken, und es ist in Ordnung. Sie leiden nur, wenn Ihr Herz eng ist. Darum lächelt ein Bodhisattva stets. Um *kshanti paramita* zu praktizieren, müssen Sie nichts unterdrücken, Sie müssen keine Anstrengungen unternehmen, denn wenn Sie etwas unterdrücken oder verdrängen, wenn Sie versuchen, die Dinge zu ertragen, dann kann das unter Umständen gefährlich für Sie sein. Ist Ihr Herz klein und Sie strengen sich zu sehr an, dann kann es brechen. Die Praxis der Herzensweite, die Praxis, die alles einschließt und umfasst, hilft Ihrem Herzen, größer und weiter zu werden, und dies geschieht durch die Praxis des Verstehens und des Mitgefühls.

Tatkraft

Tatkraft oder Eifer, das nächste *paramita*, ist *virya paramita.* Tatkraft oder Eifer sind beim Studium des Bewusstseins wichtig in Bezug auf das Speicherbewusstsein und in Bezug auf die Samen. In unserem Speicherbewusstsein gibt es Samen des Leids und Samen des Glücks, heilsame und unheilsame Samen. Die Praxis der Tatkraft besteht im Wässern der heilsamen Samen. Es ist eine vierfache Praxis. Als Erstes sollten Sie Ihr Leben so einrichten, dass die schlechten Samen keine Chance haben, sich zu manifestieren. Das erfordert etwas Organisation. Wir müssen unser Leben, unser Umfeld so organisieren, dass die Samen der Gewalt, die Samen der Wut, die Samen der Verzweiflung, die wir in uns tragen, keine Chance haben, gewässert zu werden. Einige von uns leben in einer Umgebung, in der die negativen Samen tagtäglich gewässert werden. Dies zu ändern, dazu bedarf es der Tatkraft. Wir müssen organisieren, wir müssen Entscheidungen treffen, wir müssen unseren freien Willen nutzen, um unser Leben, unsere Konsumgewohnheiten anders zu gestalten. Wir wissen sehr wohl um die Samen der Gewalt, die Samen der Wut, die Samen der Verzweiflung in uns. Es ist nicht gesund, wenn wir ihnen ermöglichen, sich zu manifestieren. Leben wir in einem Praxiszentrum, so hören oder sehen wir vieles, das uns hilft, die heilsamen Aspekte unseres Bewusstseins zu berühren. Dann haben die negativen Aspekte weniger Entwicklungsmöglichkeiten. Sie können mit anderen darüber sprechen, was diese zu Ihrer Unterstützung tun können, damit Sie die negativen Samen besser daran hindern können, gewässert zu werden und sich zu manifestieren.

Und sollten die negativen Samen gewässert worden sein und sich manifestiert haben, was können Sie da tun? Sorgen Sie dafür, dass diese Manifestationen so schnell wie möglich wieder zu ihrer Form als Samen zurückkehren. Und es gibt für uns vielfältige Möglichkeiten, das zu tun. Zum Beispiel schenken wir durch die Praxis des *yoniso manaskara*, der angemessenen Aufmerksamkeit, anderen Objekten des Bewusstseins, interessanten, schönen, friedvollen Dingen, unsere Aufmerksamkeit. Sind wir in Berührung mit diesen guten Dingen, dann werden die unheilsamen Manifestationen zu ihrem ursprünglichen Zustand als Samen zurückkehren. Unter den vom Buddha beschriebenen Methoden findet sich auch die vom Auswechseln des Zapfens. In alten Zeiten benutzte ein Zimmermann hölzerne Zapfen, um zwei Holzblöcke miteinander zu verbinden. Er machte in beide Blöcke ein Loch, trieb einen Zapfen hinein und verband so die beiden Blöcke. Verrottete der Zapfen, konnte man ihn auswechseln und einen neuen in dasselbe Loch treiben; man ersetzte also den alten durch einen neuen Zapfen. Dies ist eine Analogie für die Technik des Auswechselns geistiger Gebilde. Wenn das geistige Gebilde des Zorns gewässert wurde und sich in

Ihrem Geistbewusstsein manifestiert hat, so werden Sie leiden, und Sie werden nach einem anderen geistigen Gebilde Ausschau halten, um es zu ersetzen. In unseren Zeiten würde ich nicht mehr vom »Auswechseln des Zapfens« sprechen, sondern vom »Auswechseln der CD«. Wenn die CD, die Sie eingelegt haben, Ihnen nicht gefällt, dann drücken Sie die Stopptaste und legen eine andere CD ein, denn in unserem Speicherbewusstsein haben wir viele schöne CDs, aus denen wir auswählen können. Die zweite Praxis besteht also im Auswechseln der CD, denn wenn wir der CD, die nicht heilsam ist, oder dem geistigen Gebilde, das nicht heilsam ist, die Möglichkeit einräumen, lange zu verweilen, so wird das die negativen Gebilde weiter wässern und diese negativen Gebilde erneut hervorbringen. Die zweite Praxis der Tatkraft besteht also darin, diese negativen Manifestationen so schnell wie möglich wieder in ihren Zustand als Samen zurückkehren zu lassen.

Die dritte Praxis ist das Wässern der heilsamen und schönen Samen in Ihrem Speicherbewusstsein, sodass sie sich manifestieren können: die Samen der Liebe, die Samen des Mitgefühls, die Samen der Hoffnung, der liebenden Güte, der Freude; Sie *haben* diese Samen. Gestalten Sie also Ihr Leben, und praktizieren Sie in einer Weise, die es Ihnen ermöglicht, diese Samen mehrmals täglich zu wässern, damit sie sich manifestieren können. Wir können dies als Individuen tun, als Paar oder auch als Sangha, uns gegenseitig helfen, die heilsamen Samen zu wässern, sodass sie sich auf der Leinwand des Geistbewusstseins manifestieren können. Manifestieren sich die heilsamen Samen, dann werden Freude, Frieden und

Glück möglich. Die vierte Praxis besteht darin, die positiven Samen sich so lange wie möglich manifestieren zu lassen. Es ist wie bei einem angenehmen Besuch, bei dem man die Gäste ermutigt, so lange wie möglich zu bleiben, da uns das Zusammensein mit ihnen viel Freude bereitet. Bewahren Sie also die positiven Manifestationen so lange wie möglich. Je länger sie bei uns bleiben, desto mehr Gelegenheiten haben diese Samen, sich auf einer tieferen Ebene des Bewusstseins zu entwickeln. Wenn sie sich manifestieren, sind sie der Regen, der die Samen gleicher Art tief unten im Boden wässert, und diese werden wachsen und wachsen. Wenn Sie sich dagegen gern Gewaltfilme im Fernsehen anschauen, dann werden die Samen der Gewalt in Ihnen wachsen und wachsen. Wenn Sie häufig Dharmavorträge hören, dann werden die heilsamen Samen des Verstehens und der Freiheit häufig in Ihnen gewässert. Darum sollte Tatkraft immer im Lichte der Lehren über Bewusstsein verstanden werden.

Meditation

Die fünfte Praxis ist Meditation, *dhyana paramita*. Meditation bedeutet, die Energie der Achtsamkeit zu erzeugen und Konzentration aufrechtzuerhalten. Dank der Achtsamkeit kommen Sie mit den wundervollen Ereignissen des Lebens, die nährend und heilend sind, in Berührung. Konzentration hilft Ihnen, alles tief anzuschauen und die Natur der Unbeständigkeit, des Nicht-Selbst und des Interseins zu entdecken. Es gibt viele Arten der Konzentration, so die Konzentration auf

Unbeständigkeit, Nicht-Selbst, auf Leerheit und auf Intersein.

Weisheit

Prajña paramita, das Übersetzen mit dem Floß der Weisheit, ist das sechste *paramita*. Wir kultivieren Achtsamkeit, wir kultivieren Konzentration und Verstehen, und Weisheit ist die Frucht dessen. Weisheit ist die Frucht, sie ist aber auch das Mittel, um Befreiung zu erlangen. Befreiung finden wir am anderen Ufer. Doch ist es keine Frage der Zeit, keine Frage des Raums, das andere Ufer zu erreichen – es ist eine Frage der Einsicht, der Verwirklichung.

Lassen wir das Ufer der Unwissenheit, Täuschung, Anhaftung und falschen Wahrnehmungen los, dann berühren wir bereits das Ufer der Freiheit und des Glücks. Es ist keine Frage der Zeit.

Wenn Sie jeden Augenblick Ihres Lebens in Achtsamkeit und Konzentration leben, dann werden Ihr Verstehen, Ihre Einsicht ständig zunehmen. Unser Verstehen bringt Mitgefühl hervor, das uns von Geistesplagen wie Angst und Wut befreit. Eine Bodhisattva führt ein Leben, in dem die sechs Praxiselemente tagtäglich wachsen können. Und vom Ufer des Leidens, dem Ufer der Angst kann sie sehr schnell zum Ufer des Wohlbefindens und der Nicht-Angst übersetzen. Denn die Bodhisattva hat kraftvolle Werkzeuge dazu.

Als Teil der Sangha hat jeder und jede von uns die Pflicht, aber auch die Freude, Achtsamkeit zu kultivieren. Unser

Geist und unser Körper sind der Garten. Wenn wir die Erde vor dem Buddha, vor den Bodhisattvas berühren, so sind wir aufgerufen, den Buddha in uns, die Bodhisattvas in uns zu berühren. Wir sollten wissen, dass Avalokiteshvara, der Bodhisattva des Mitgefühls, kein Wesen außerhalb von uns ist. Wir haben die Fähigkeit, mitfühlend zu sein.

Weise Freundinnen und Freunde finden

Ein Weg, unser Glück als Gewohnheit zu entfalten, liegt darin, sich mit weisen Menschen zu verbinden. Im *Sutra über das Glück* sagt der Buddha: »Den Umgang mit Narren meiden, in Gemeinschaft mit weisen Menschen leben und die ehren, die es wirklich verdienen – das ist das größte Glück.«[7]

Es gibt zwei Arten der Weisheit. Der Buddha bezeichnete den Geist als leuchtend und strahlend. Wenn dieser leuchtende Geist nicht arbeitet, dann aufgrund unserer inneren Bedrängnisse. Können wir diese entfernen, wird der Geist als klarer Spiegel wirken. Ist unser Speicherbewusstsein vollkommen transformiert, wird er zur Großen Vollkommenen Spiegelgleichen Weisheit. Diese erste Weisheit ist eine direkte, nicht-diskursive Weisheit, auch Wurzel-Weisheit genannt, und sie kommt zur Wirkung, wenn wir Bedrängnisse oder Geistesplagen wie Angst, Unwissenheit, Hass und Gier auflösen können.

---

[7] Siehe Thich Nhat Hanh, *Der Buddha sagt. Seine wichtigsten Lehrreden*, Berlin: Theseus Verlag, 2003.

Wenn wir studieren, Dinge untersuchen oder analysieren, so nutzen wir eine andere, zweite Art der Weisheit, die sogenannte »später erworbene Weisheit«. Diese Weisheit nutzt ein Philosoph oder eine Wissenschaftlerin zur Analyse, Untersuchung und gedanklichen Schlussfolgerung. Doch in uns ist auch die erste Weisheit, die Wirklichkeit direkt umarmen und begreifen kann, und zwar nicht durch diskursives Denken. Sie können sich mit Menschen umgeben, die diese erste Art der Weisheit kultivieren und die ihre Unwissenheit, Angst und ihre Wut auflösen, sodass sich die Große Vollkommene Spiegelgleiche Weisheit zeigen kann. Wenn Hunderte Menschen in Ihrem Umfeld das Gleiche tun, dann entsteht eine sehr kraftvolle kollektive Energie.

Diese kollektive Gemeinschaftsenergie wird Sangha genannt. Sangha ist eine Gemeinschaft, in der Harmonie herrscht. Eine Sangha, in der keine Harmonie, kein Glück, keine Brüderlichkeit und Schwesterlichkeit herrschen, ist keine wirkliche Sangha. Sind Liebe und Harmonie da, wird die Sangha zu einem lebendigen Organismus, und Sie werden dort nicht länger ein Individuum sein, sondern eine Zelle des Sangha-Körpers. Lauschen dreihundert, fünfhundert, tausend Menschen der Glocke, dann wird die kollektive Kraft der Achtsamkeit sehr stark, und sie wird Körper und Geist eines jeden durchdringen.

Um eine wirkliche Sangha aufzubauen, müssen Sie wissen, wie Sie die buddhistische Praxis der Liebe nutzen können. In der buddhistischen Tradition wird der Begriff »Liebe« als Brüderlichkeit oder Freundschaft, *maitri*, übersetzt. *Maitri* leitet sich ab von *mitra*, Freund. Meist übersetzen wir *maitri* mit »liebende Güte«. In einer klösterlichen Gemeinschaft leben wir als Brüder und Schwestern zusammen. Wir lieben einander, aber sind nicht der Besitz der anderen, kein Konsumobjekt eines anderen. Diese Liebe trägt die Substanz von *maitri* in sich, der Fähigkeit, Freundschaft und Glück anzubieten.

Ein weiteres Element wahrer Liebe ist Mitgefühl, *karuna*, die Art der Energie, die uns hilft, das Leiden einer anderen Person aufzulösen und ihren Schmerz zu transformieren. Als Sangha, die gemeinsam praktiziert, sind wir machtvoll, wir werden nicht zu Opfern unserer Verzweiflung. Und wir können in einer Weise zusammenleben, dass wir ein positiver Faktor für einen sozialen Wandel sein können, wir bringen Hoffnung und lindern den Schmerz anderer. Ist die Sangha in Ihrem Herzen, so wird sie immer bei Ihnen sein, wo immer Sie hingehen; und was immer Sie sagen, wird das sein, was die Sangha sagen will, um den Menschen in ihrer Umgebung Trost, Hoffnung und Hilfe zu bringen.

Ich fühle mich immer wunderbar, wenn ich mit der Sangha zusammensitze und einatme und ausatme. Das bringt mir Glück. Einatmend bin ich mir der Sangha, die mit mir sitzt, mich umgibt, bewusst. Auch Ihre Familie ist eine Sangha, eine kleine Sangha. Ihre Familie mag nur aus zwei, drei oder vier Menschen bestehen, aber Sie können sie sehr gut zu einer Sangha machen. Kennen Sie die entsprechende Praxis, können Sie wunderschöne Sanghas aufbauen. Es ist möglich, glücklich in einer Gemeinschaft von hundert, zweihundert, dreihundert Menschen zu leben. Wenn Sie die Praxis nicht kennen, dann können bereits zwei oder drei Menschen die

Hölle füreinander bedeuten. Doch in Kenntnis der Praxis können auch dreihundert Menschen zusammen in Harmonie, Glück und Brüderlichkeit leben. Eine Sangha aufzubauen ist etwas Wundervolles. Und jedes Mitglied der Sangha ist ein Praktizierender, eine Praktizierende. Alle wissen, wie sie in ihrem Inneren Frieden schaffen, und sie wissen, wie sie den anderen dazu verhelfen können, im Inneren Frieden zu finden.

Für Ihr Glück ist es ganz entscheidend, eine Sangha zu finden, die Sie respektieren und mit der Sie praktizieren können. Dies wird Ihrem Speicherbewusstsein Tag und Nacht helfen, denn das Speicherbewusstsein ist sowohl individuell als auch kollektiv. Wir empfangen stets Input aus dem kollektiven Bewusstsein. Empfangen wir positiven Input, werden die Samen der Nicht-Unterscheidung, des Mitgefühls und der Freude in uns täglich gewässert. Einer der wirksamsten Wege, *manas* zu transformieren, unser Bewusstsein, das voller Anhaftungen und Täuschungen ist, liegt darin, in der Präsenz eines positiven kollektiven Bewusstseins zu verweilen.

Die vier Elemente der Liebe

Wenn Sie von Menschen umgeben sind, die achtsam gehen, ist es auch für Sie einfacher, achtsam zu gehen. Sie lassen sich von der kollektiven Energie der Sangha halten, bewegen. In der Sangha sind wir nicht länger vereinzelte Wesen, sind wir nicht länger nur Individuen, wie werden eine Zelle des Sangha-Körpers. Wir sind auf derselben Frequenz.

Es ist sehr bereichernd, in einer Sangha mit Menschen zu üben, die tiefe Erfahrungen in der Praxis gemacht haben, denn wenn Sie solche Menschen erleben und mit Ihnen in Berührung kommen, werden Sie von dem Wunsch inspiriert, es Ihnen gleichzutun. Einige von uns leben sehr bescheiden und einfach, brauchen nicht viel Geld, essen und wohnen einfach. Und diese Menschen sind wirklich glücklich, in tiefem Sinne glücklich. Sie sind frei genug, um glücklich zu sein, sie sind voller Freude, da ihr Leben Sinn und Bedeutung hat. Jeden Tag können sie etwas tun zum Wohle anderer, zum Wohle auch ihrer Dharmabrüder und -schwestern. Freude und Glück sind möglich, und wir brauchen nicht viel Geld, Ruhm oder Macht. Leben wir achtsam, üben wir uns in Brüderlichkeit und Schwesterlichkeit, bieten wir anderen eine Zuflucht – das schenkt uns viel Freude, viel Glück.

Wenn wir etwas bewusst wahrnehmen und Achtsamkeit vollständig gegenwärtig ist, dann können wir tief in das Objekt unserer Wahrnehmung hineinschauen und die Natur des Nicht-Selbst, die Natur des Interseins, die Natur der wechselseitigen Abhängigkeit aller Dinge berühren. Während dieser Meditation gelangt das Element der Einsicht in unser Speicherbewusstsein. Das ist der Regen der Weisheit, der die Samen der Weisheit und des Mitgefühls nährt und die Samen der Selbstbezogenheit, Egozentrik, Selbstliebe und Ignoranz schwächt.

In vielen Selbsthilfebüchern wird die Selbstliebe als Grundlage des Glücks angesehen. Doch im Buddhismus gilt die Selbstliebe als Ausdruck der Unterscheidung. »Dies bin ich, und das bin ich nicht. Ich kümmere mich nur um mich.

Ich muss mich nicht um die Nicht-Ich-Elemente kümmern.« Wenn Achtsamkeit sich in das Geistbewusstsein einschaltet, dann existiert die sie begleitende Weisheit, die in unser Speicherbewusstsein gelenkt wird, dort bereits als Samen. Sie müssen diese Samen der Weisheit nur wässern und ihnen ermöglichen, sich zu manifestieren. Das ist die Weisheit der Nicht-Unterscheidung, die aus der Einsicht in Intersein und Nicht-Selbst entsteht. Dann wird es die Weisheit der Nicht-Unterscheidung sein, die im Speicherbewusstsein die Entscheidungen trifft. Und das wird unsere gewohnten Gehirnaktivitäten ersetzen. Durch diese Praxis werden unsere Gehirnaktivitäten Schritt für Schritt transformiert, sodass sie zur Weisheit der Nicht-Unterscheidung werden. Ist die Weisheit der Nicht-Unterscheidung gegenwärtig, dann wird sich das illusionäre Bild, das *manas* vom Speicherbewusstsein hat, auflösen. Es wird keine Unterscheidung und keine Anhaftung mehr geben, und unsere Liebe wird grenzenlos sein.

Die vier Elemente wahrer Liebe sind *maitri* (Freundschaft), *karuna* (liebende Güte), *mudita* (Freude) und *upeksha* (Gleichmut). Das letzte Element, *upeksha*, ist die Nicht-Unterscheidung. Ihre Liebe, die durch Nicht-Unterscheidung gekennzeichnet ist, ist die Liebe eines Buddha. Liebe, die Unterscheidungen trifft, wird Ihnen und der anderen Person Leiden bereiten. Wenn wir Nicht-Unterscheidung, *upeksha*, kultivieren, wird unsere Liebe zur wahren Liebe, zur Liebe des Buddha. Durch diese Praxis werden unsere Gehirnaktivitäten Schritt für Schritt transformiert, bis sie vollständig durch die Weisheit der Nicht-Unterscheidung, *nirvikalpajnana*, ersetzt werden. Der Liebhaber wird zum wahren

Liebenden. Und einer wahren Liebenden wohnt die Qualität der Nicht-Unterscheidung stets inne, denn eine wahre Liebende verfügt über Einsicht. Sie weiß, dass das Selbst aus Nicht-Selbst-Elementen besteht. Sie weiß, dass sie sich um die Nicht-Selbst-Elemente kümmern muss, will sie sich um ihr Selbst kümmern. Statt also über Selbstliebe als Essenz des Glücks zu sprechen, können wir über Nicht-Selbst als Schlüssel zum Glück sprechen.

Mit Buddhas Füßen gehen

Bei meinem ersten Besuch in Indien hatte ich die Möglichkeit, den Gridhrakuta-Berg zu ersteigen, etwas außerhalb von Rajagriha gelegen. Rajagriha war zu Buddhas Lebzeiten die Hauptstadt von Magadha. Diesen Berg erklomm der Buddha gern, um sich den Sonnenuntergang anzuschauen. Ich erinnerte mich an folgende Geschichte: Eines Tages ging der Buddha auf seiner Almosenrunde durch die Stadt. Das war noch vor seiner Erleuchtung und bevor er zum Buddha wurde. König Bimbisara saß gerade in seinem königlichen Gefährt, und er sah diesen Mönch so wunderschön gehen, voller Würde und in großer Freiheit. Er war ein sehr höflicher Mensch, und so hielt er den Mönch auf seinem Almosengang nicht an. Nach seiner Rückkehr in den Palast erteilte er den Befehl, herauszufinden, wer dieser Mönch denn sei. So beeindruckt war er von dem gehenden Mönch in seiner Hauptstadt.

Nach ein paar Tagen hatten die Wachen Siddhartha identifizieren können und herausbekommen, wo er lebte. König Bimbisara machte sich zu ihm auf. Er ließ seine Kutsche am Fuße des Berges zurück und stieg hinauf, um Siddhartha zu treffen. Während ihres Gesprächs sagte König Bimbisara: »Es wäre wundervoll, wenn ich Ihr Schüler und Sie mein Lehrer sein könnten. Durch Ihre Gegenwart würde das Königreich an Schönheit gewinnen. Und wenn Sie wollen, dann teile ich das Reich in zwei Hälften und gebe Ihnen die eine.«

Siddhartha lächelte und sagte: »Mein Vater wollte mir ein Königreich hinterlassen, aber ich habe es nicht angenommen. Warum sollte ich jetzt von Ihnen ein halbes Königreich annehmen. Meine Bestimmung ist es zu praktizieren, um Freiheit zu erlangen und anderen Menschen zu helfen. Ich kann jetzt kein Lehrer des Königs sein, da ich noch nicht vollständig erleuchtet bin. Doch ich verspreche Ihnen, wenn ich Erleuchtung erlangt habe, werde ich zurückkehren und Ihnen helfen.« Dann schritt Siddhartha den Berg hinunter. Es war ihm klar, dass die Menschen nun von seiner Anwesenheit wussten. Am nächsten Tag verließ er auch die Hauptstadt Rajagriha und ging in die Wälder im Norden, um dort seine Praxis und seine Reise zur Erleuchtung fortzusetzen.

Der Buddha vergaß das Versprechen, das er dem König Bimbisara gegeben hatte, nicht, und ein Jahr nach seiner Erleuchtung kehrte er zurück, um den König zu besuchen und ihm die Lehren zu vermitteln. Doch jetzt war er nicht allein, mehr als tausend Mönche begleiteten ihn. Der Buddha war ein schneller Sangha-Erbauer. Im Nu hatte er tausendzweihundert Mönche um sich gesammelt, die ihm folgten.

Er achtete sehr darauf, die Mönche richtig in Achtsamkeit zu schulen, bevor er mit ihnen in die Hauptstadt Rajagriha kam. Die Mönche lernten, wie sie achtsam gehen, achtsam sitzen, achtsam stehen und achtsam ihre Almosenrunde machen konnten. Es ist nicht einfach, mehr als tausend Mönche darin zu unterweisen, sich achtsam zu bewegen.

Als ihre Schulung abgeschlossen war, gingen sie nach Rajagriha und lebten dort in einem Palmhain. Die Palmen waren noch sehr jung, aber es war ein sehr schöner Palmhain. Die tausend Mönche teilten sich in Gruppen zu je zwanzig oder dreißig auf und gingen dann in die Stadt, um ihre Almosenrunde zu machen. Die Menschen waren sehr beeindruckt, als sie zum ersten Mal die Mönche so achtsam gehen sahen, Würde, Freiheit und Freude ausdrückend. Und bald schon erreichte den König die Nachricht, dass Siddhartha zurückgekehrt war. Und der König sammelte viele Freunde, Minister und Familienmitglieder um sich, und sie suchten den Buddha im Palmenhain auf. Der Buddha hielt eine wundervolle Dharmarede und versprach, den König seinerseits im Palast zu besuchen.

Der König brauchte vierzehn Tage, um alles für den Empfang der Sangha vorzubereiten. An dem besagten Tag wussten alle Stadtbewohner, dass der König die Mönche empfing. Tausende standen am Straßenrand und hießen sie willkommen. In manchen Momenten kamen die Mönche nicht vorwärts, weil die Straßen so voller Menschen waren. Ein junger Mann, ein Sänger, tauchte auf einmal in der Menschenmenge auf, und er sang wundervolle Lieder, in denen er den Buddha, das Dharma und die Sangha pries. Es war ein großes Fest und ein wunderschöner Tag.

In alten Zeiten wussten die Könige immer, wenn sich ein spiritueller Lehrer in ihrem Königreich aufhielt, und sie luden den Lehrer ein, um das Königreich durch seine Anwesenheit zu verschönern und zu heiligen. Von daher tat König Bimbisara alles, um den Buddha in seinem Reich zu halten.

Er wollte den Buddha und die Sangha als seinen Besitz. Politiker sind so. Das Erste, was er tat, war, dem Buddha einen Bambushain in der näheren Umgebung von Rajagriha anzubieten. Der Hain war so groß, dass er tausendzweihundertfünfzig Mönche und den Buddha beherbergen konnte.

Der König gab dem Buddha auch den Gridhrakuta-Berg. In den ersten Jahren gab es nur einen schmalen Pfad den Berg hinauf, der sich durch das Gebüsch schlängelte. Später ließ der König einen Pfad aus Steinen schaffen, und diesen gepflasterten Weg König Bimbisaras gibt es heute noch dort. Wenn Sie nach Rajagriha kommen – heute heißt es Rajgir – können Sie den Berg auf diesem Weg erklimmen. Sie können auch den Bambushain besuchen, wo die Regierung verschiedene alte Bambussorten hat anpflanzen lassen.

König Bimbisara besuchte den Buddha oft, und stets ließ er die Kutsche am Fuße des Berges stehen und ging zu Fuß hinauf. Das brauchte seine Zeit; und ich weiß nicht, ob der König Gehmeditation erlernt hatte oder nicht. Als ich das erste Mal den Gridhrakuta-Berg erstieg, begleitete mich eine Reihe von Freunden, unter ihnen auch Maha Ghosananda, der buddhistische Patriarch Kambodschas. Ich praktizierte achtsames Gehen und genoss dabei jeden Schritt, denn mir war bewusst, dass dies der Pfad war, auf dem auch der Buddha gegangen war. Tausende Male war er auf ihm hinauf- oder hinuntergegangen. Jeden Tag benutzte er ihn. So waren wir alle sehr achtsam. Wir erfuhren auf eine sehr tiefe Weise Freude, denn wir wussten, dass die Fußabdrücke des Buddha auch dort waren. Wir gingen immer so etwa zwanzig Schritte, setzten uns dann nieder, erfreuten uns an unserem Atem und schauten umher. Dann erhoben wir uns und gingen wieder zwanzig Schritte. Da mich eine Gruppe von Menschen begleitete, hielt ich an jedem dieser Haltepunkte einen dreiminütigen Dharmavortrag, und danach setzten wir unser Gehen fort, und als wir am Gipfel angekommen waren, waren wir überhaupt nicht müde. Wir spürten sehr deutlich die Energie des Buddha, während wir den Berg erklommen hatten und als wir am Gipfel saßen. An diesem Tag praktizierten wir dort auch Sitzmeditation und betrachteten achtsam den Sonnenuntergang. Mir war bewusst, dass der Buddha hier viele Male gesessen hatte und ebenfalls den wundervollen Sonnenuntergang gesehen hatte. Ich benutzte die Augen des Buddha, um den Sonnenuntergang zu genießen. Die Augen des Buddha waren zu meinen Augen geworden, und gemeinsam schauten wir der untergehenden Sonne zu.

Wenn Sie einmal die Gelegenheit haben, dort hinzugehen, schlage ich Ihnen vor, sehr frühmorgens loszulaufen, so um vier Uhr, und vielleicht einen Polizisten zu bitten, Sie zu begleiten – das ist sicherer, denn es ist dann noch sehr dunkel, und es leben viele sehr arme Menschen in der Gegend. Der Polizist, den ich um Begleitung bat, hatte keine Waffe dabei, nicht einmal einen Stock. Seine Waffe waren seine Augen, denn er kannte jeden in der näheren Umgebung. Hätte er einen Dieb wiedererkannt, wäre dieser im Gefängnis gelandet. Wir mussten ihm für seine Dienste nur wenig Geld bezahlen, und er blieb den ganzen Tag bei uns. Nach Sonnenuntergang begleitete er uns, als es dunkel wurde, den Berg hinunter.

Stellen Sie sich vor: einen ganzen Tag auf diesem Berg verbringen, gehend und sitzend. Sie wollen vielleicht Sitz- und

Gehmeditation machen, ein achtsames Essen dort einnehmen. Es gab dort keine Toilette, kein Bad, wir mussten die Natur-Toilette benutzen. Beim ersten Mal wurde mir bewusst, dass der Buddha das Gleiche getan hatte.

Die Energie der Achtsamkeit

Es ist möglich, mit den Füßen des Buddha zu gehen. Unsere Füße werden, befähigt durch die Energie der Achtsamkeit, zu den Füßen des Buddha. Sie können nicht sagen: »Ich vermag nicht mit den Füßen des Buddha zu gehen, ich habe sie ja gar nicht.« Das ist nicht wahr. Ihre Füße sind die Füße des Buddha, und es ist an Ihnen, sie zu nutzen. Wenn Sie die Energie der Achtsamkeit in Ihre Füße bringen, dann werden Ihre Füße Buddhas Füße, und Sie gehen für ihn. Und das erfordert keinen blinden Glauben. Es ist so klar. Mit der Energie der Achtsamkeit handeln Sie wie ein Buddha, sprechen Sie wie ein Buddha, denken Sie wie ein Buddha. Das ist Ihre Buddhaschaft. Sie ist erfahrbar, keine bloße Theorie.

Die Praxis des friedvollen Sitzens und die Praxis des friedvollen Gehens sind in Plum Village sehr grundlegend. Wir lernen auf eine Weise zu sitzen, die Frieden während des gesamten Sitzens möglich macht. Wir lernen so zu gehen, dass wir während des gesamten Gehens in Frieden sind. Um das zu tun, stützen wir uns auf unsere Achtsamkeit, unsere Konzentration. Wir profitieren dabei auch von der kollektiven Achtsamkeit der Sangha. Wenn uns das einen Tag lang gelingt, gelingt es uns vielleicht auch während eines weiteren Tages. Wir müssen entschlossen sein, in dieser Praxis erfolgreich sein zu wollen.

Wenn wir uns während der Gehmeditation in einem Gedanken verlieren, wenn wir zum Beispiel daran denken, was wir zu tun haben, wenn wir nach Haue kommen, dann verpassen wir das Gehen, dann verpassen wir die Gelegenheit. Wir gehen mit der Sangha, doch wir sind nicht wirklich da. Wir verankern uns nicht im Hier und Jetzt und können von daher keine friedvollen, glücklichen Schritte machen. Machen wir uns Sorgen über etwas oder ärgern wir uns über jemanden, dann können wir keine friedvollen Schritte machen, und wir verpassen alles.

Wir spüren vielleicht während des Gehens, dass wir nicht frei sind. Doch Gehen ist eine befreiende Praxis. Wir sollten als freie Menschen gehen. Freiheit ermöglicht, dass Frieden und Glück mit uns sind. Wir müssen aber hundert Prozent von uns in jeden Schritt investieren, um frei zu sein. Wenn wir uns beim Gehen in Gefühlen verfangen, in Wut oder Sorgen oder in Gedanken über die Vergangenheit oder Zukunft oder andere Orte, dann sind wir nicht frei. Wir gehen nicht wirklich mit der Sangha, denn wir sind irgendwo anders. Das ist Vergeudung. Einatmend werden wir uns vielleicht bewusst: Ich bin nicht wirklich hier, und ich werde das später bereuen. Ich habe die Möglichkeit dazu, doch berühre ich die Bedingungen des Glücks im Hier und Jetzt nicht. Bin ich zur Freiheit fähig? Bin ich in der Lage, Frieden zu sein, jetzt und hier? Wir fragen uns das, fordern uns selbst heraus. Denn wenn wir nicht frei sind, wenn wir jetzt nicht frei sind, dann sind wir es später wohl auch nicht. Sie müssen also ganz entschlossen sein, hier und jetzt frei sein zu wollen. Auch wenn die geistigen Gebilde der Sorgen oder der Wut sehr stark in uns sein mögen, wissen wir, dass da auch die Samen von Frieden und Freiheit in uns sind und wir etwas tun müssen, damit sie sich manifestieren. Wir sind nicht nur Sorgen und Wut, wir sind mehr als sie. Und jeder und jede von uns muss wirksame Wege finden, um frei zu werden.

Die Einsicht in Unbeständigkeit und Nicht-Selbst

Wenn wir Einsicht erlangen, können wir die wahre Natur der Unbeständigkeit sehen. Oft versuchen wir so angestrengt, die Dinge in unserem Leben stabiler zu gestalten, dass uns die Vorstellung der Unbeständigkeit ängstigt. Doch wenn wir tief in die Natur der Unbeständigkeit schauen, empfinden wir sie möglicherweise sogar als sehr tröstlich.

Wenn Sie einen Schritt gehen, dann können Sie visualisieren, dass Ihre Mutter diesen Schritt mit Ihnen macht. Das ist nichts Schwieriges, denn Sie wissen, dass Ihre Füße die Fortführung der Füße Ihrer Mutter sind. Wenn wir tief schauen, können wir erkennen, dass unsere Mutter in jeder Zelle unseres Körpers gegenwärtig ist. Auch unser Körper ist die Fortführung des Körpers unserer Mutter. Wenn Sie einen Schritt machen, können Sie sagen: »Mutter, geh mit mir.« Und plötzlich spüren Sie, wie Ihre Mutter in Ihnen mit Ihnen geht. Ihnen wird klar, dass Ihre Mutter vielleicht während ihrer Lebzeit nicht so viele Möglichkeiten gehabt hat wie Sie, im Hier und Jetzt zu gehen und sich daran zu erfreuen, die Erde zu berühren. Mitgefühl und Liebe erwachsen plötzlich in Ihnen. Weil Sie Ihre Mutter sehen können, wie Sie mit Ihnen geht – nicht als bloße Vorstellung, sondern als Realität. Sie können Ihren Vater einladen, mit Ihnen zu gehen. Sie können die Menschen, die Ihnen die liebsten sind, einladen, mit Ihnen im Hier und Jetzt zu gehen. Sie können sie einladen und mit ihnen gehen, ohne dass sie physisch präsent sein müssten. Wir setzen unsere Ahnen fort; unsere Ahnen sind vollkommen präsent in uns, in jeder Zelle unseres Körpers, und gehen wir einen friedvollen Schritt, wissen wir, dass alle Ahnen mit uns diesen Schritt tun. Millionen Füße machen dieselbe Bewegung. Mittels Videotechnik kann man ein solches Bild schaffen. Tausende Füße machen einen Schritt zusammen. Und natürlich kann Ihr Geist das. Ihr Geist kann Tausende, Millionen von Füßen Ihrer Ahnen sehen, die gemeinsam einen Schritt machen. Diese Praxis, die Visualisierung einsetzt, wird die Vorstellung, wird das Gefühl erschüttern, dass Sie ein vereinzeltes Selbst seien. Sie gehen, und die anderen gehen auch.

Der Buddha hat viele Übungen entwickelt, durch die wir wir selbst sein können. Die Einsicht in Unbeständigkeit ist ein Werkzeug, das wir haben. Die Einsicht in Nicht-Selbst ist ein weiteres. Der Mensch, über den wir uns ärgern, mag unser Sohn sein, mag unsere Tochter sein, mag unser Partner sein, ihr Glück ist auch unser Glück. Ist diese Person unglücklich, bin auch ich unglücklich. Ich möchte nicht unfreundlich zu ihr sein. Darum sollte ich friedvoll, sollte glücklich sein, denn wenn ich wütend bin, helfe ich mir nicht, und ich helfe dem anderen Menschen nicht. Wenn ich leide, kann auch er nicht glücklich sein. Er ist kein vereinzeltes Selbst, ich bin kein abgetrenntes Selbst, wir sind wechselseitig miteinander verbunden und verwoben. Wenn Sie das Werkzeug des Nicht-Selbst benutzen und die Natur des Interseins berühren, überwinden Sie sofort Ihren Zorn und sind fähig zu glücklichen, friedvollen Schritten.

Gehen im Reinen Land

Gehen Sie mit den Füßen des Buddha, dann gehen Sie im Himmel, Sie gehen mit jedem Schritt im Reinen Land. In Plum Village praktizieren wir, jeden Tag im Reinen Land des Buddha zu gehen. Mit jeder Bewegung berühren Sie das Reine Land des Buddha. In einem der von uns täglich gesungenen Lieder heißt es: »Jeder Schritt hilft mir, das Reine Land zu berühren.« Das ist die Praxis. Ein weiterer Vers lautet: »Ich gelobe, das Reine Land mit jedem Schritt, den ich mache, zu berühren.« Diese Lieder sind keine Gebete, sie sind ein Leitfaden, eine Erinnerung an die Praxis. Sie können das, Sie wissen, dass Sie es können. Dank der Achtsamkeit werden Sie Ihrer Schritte gewahr, und Sie berühren das Reine Land mit all seinen Wundern. Solch ein Schritt erzeugt Freiheit, Freude und Heilung. Wir wissen alle, dass Gehmeditation bedeutet, das Gehen im Reich Gottes, im Reinen Land des

Buddha zu genießen; und ein solches Gehen kann transformieren, kann heilen, kann große Liebe in uns erschaffen. Wir gehen nicht nur für uns selbst, wir gehen für unsere Eltern, unsere Vorfahren, für all die, die in dieser Welt leiden. Wir haben das Reine Land jederzeit bei uns, wo auch immer wir sind – es ist ein »tragbares« Reines Land. Es ist das Beste, was wir den Menschen, denen wir begegnen, anbieten können. Bieten Sie ihnen nicht weniger als das Reine Land oder das Reich Gottes an. Sie sind ein oder eine Bodhisattva, und diese Art Geschenk ist es wert, den Menschen gemacht zu werden.

Menschliches Bewusstsein

Vor anderthalb Millionen Jahren begannen die Menschen, sich aufzurichten und auf ihren zwei Beinen zu stehen, ihre Hände wurden auf diese Weise frei. Dadurch begann sich auch das Gehirn sehr schnell zu entwickeln. Die Buddhanatur wohnte und wohnt allen Menschen inne, auch wenn der Buddha erst vor zweitausendsechshundert Jahren auf dieser Erde erschienen ist. Von ihm aber erfuhren wir, dass bereits andere Buddhas vor ihm da waren, wie Buddha Dipankara und Buddha Kashyapa.

Es gibt eine Spezies, die fähig ist, die Energie der Achtsamkeit den ganzen Tag lang hervorzubringen. Und wir gehören dazu, können »bewusster homo sapiens« sein. Wir alle gehören zur Familie des Buddha, denn wir sind imstande, die

Energie der Achtsamkeit zu erzeugen, die uns vierundzwanzig Stunden des Tages innewohnt. Buddhas sind Wesen, die vierundzwanzig Stunden am Tag achtsam sind. Am Anfang sind wir Teilzeit-Buddhas, doch wenn wir unsere Praxis fortführen, werden wir Ganztags-Buddhas. Wir lernen, nicht zu unterscheiden, nicht zu diskriminieren, denn wir wissen, dass jeder und jede den Samen der Buddhanatur in sich trägt. Jeder Nicht-Buddha hat die Buddhanatur. Darum sind wir frei von jeglicher Diskriminierung. Unsere Praxis besteht darin, so vielen Menschen wie möglich bei der Manifestation ihrer Buddhanatur zu helfen, denn kollektives Erwachen ist das Einzige, das uns aus der gegenwärtig schwierigen Situation führen kann. Nach seiner Erleuchtung wusste der Buddha bereits, dass er seine Praxis mit vielen zu teilen hatte. Buddha bedeutet »der oder die Erwachte«, der oder die Bewusste. Während der fünfundvierzig Jahre, die der Buddha lehrte, versuchte er immer, den anderen Menschen zu helfen, aufzuwachen, achtsam zu sein. Er lehrte stets, dass der Weg der Achtsamkeit, Konzentration und Einsicht der Weg zur Befreiung, der Weg zum Glück ist.

Sieben Wundervolle Schritte

In der buddhistischen Tradition heißt es, dass der Buddha nach seiner Geburt sieben Schritte machte – er praktizierte also von Beginn an Gehmeditation. Siddhartha ging, kaum hatte er den Mutterschoß verlassen. Sieben ist eine heilige

Zahl, sodass wir sie als die Sieben Faktoren der Erleuchtung verstehen können. Den Geburtstag des Buddha feiern können wir am besten dadurch, dass wir sieben Schritte machen, wirkliche Schritte. Das ist das Wundervollste, was wir tun können. Sie brauchen nichts Besonderes zu tun – nur Ihr Gehen auf diesem Planeten Erde genießen. Die ersten Apollo-Astronauten haben aus großer Entfernung Aufnahmen von der Erde gemacht, und wir konnten die Erde sehen – wunderschön – eine Bastion des Lebens. Die Erde ist unser Reines Land. Sie ist wundervoll.

Würden Sie ins Weltall hinausfliegen, sähen Sie, dass das Leben etwas sehr Seltenes ist. Der Weltraum ist eine lebensfeindliche Umgebung; entweder ist es zu heiß oder zu kalt, und das macht Leben unmöglich. Kehrten Sie dann zur Erde zurück, würden Sie es als wundervoll empfinden, wieder Leben um sich zu haben – Pflanzen und Tiere zu sehen, das Gras mit Ihren Füßen zu berühren, die kleinen Blumen zu betrachten, den Vögeln zu lauschen, den Wind in den Kiefernzweigen zu hören, ein Eichhörnchen zu beobachten, das einen Baum herauf- und herunterläuft, ein- und auszuatmen und die frische Luft auf der Haut zu spüren. Viele von uns müssen sich für mehrere Tage zurückziehen, um im Reinen Land ankommen und es genießen zu können. Für andere von uns ist es selbstverständlich da. Achtsamkeit lässt Sie gewahr werden, dass auf dieser Erde gegenwärtig und lebendig zu sein, Schritte auf diesem wundervollen Planeten zu machen, wirklich ein Wunder ist. Zen-Meister Linchi sagte, dass es kein Wunder sei, auf dem Wasser zu gehen oder in der Luft, das Wunder liege vielmehr darin, auf der Erde zu gehen. Jeder und jede von uns kann dieses Wunder vollbringen, wir alle können sieben Schritte machen. Wenn wir darin erfolgreich sind, können wir den achten, dann den neunten Schritt machen. Durch die Energie der Achtsamkeit werden unsere Füße die Füße des Buddha. Die Energie der Achtsamkeit zu erzeugen ist nicht schwierig. Dies geschieht durch unser achtsames Atmen. Und mit dieser Kraft, mit dieser Energie der Achtsamkeit, ermächtigen wir unsere Füße, und unsere Füße werden zu den Füßen des Buddha. Gehen wir mit den Füßen des Buddha, so gehen wir im Buddhaland. Wo immer der Buddha ist, da ist auch das Buddhaland, da ist das Reine Land. Das Reich Gottes ist im Hier und Jetzt jederzeit vorhanden; das Reine Land des Buddha ist allzeit da. Die Frage ist, ob wir für das Reich Gottes vorhanden und verfügbar sind? Für das Reine Land? Vielleicht sind wir zu beschäftigt, um das Reine Land, das Reich Gottes, zu genießen. Möglicherweise ist das der Grund, warum Siddhartha zeigen wollte, dass er sofort nach der Geburt im Reinen Land gehen konnte.

Wenn wir Zuflucht zu Buddha, Dharma und Sangha nehmen, wenn wir die Fünf Achtsamkeitsübungen empfangen, werden wir in unserem spirituellen Leben geboren, und wir können erfolgreich sieben Schritte tun. Schritt eins, wir berühren die Erde, Schritt zwei, wir fühlen den Himmel in der Erde und so weiter. Wir brauchen nur sieben Schritte, um Erleuchtung zu erlangen. Erleuchtung kann in jedem Moment unseres täglichen Lebens realisiert werden. Sich bewusst zu sein, dass wir lebendig sind und auf dieser Erde gehen – das ist bereits Erleuchtung. Wir sollten diese Art der Erleuchtung jeden Tag wiederholen. Im Reich Gottes, im Reinen Land des Buddha zu gehen, ist eine Freude, ist sehr erfrischend, sehr heilsam. Wir wissen, dass wir es tun können, aber oftmals tun wir es nicht. Wir brauchen einen Freund, eine Lehrerin, der oder die uns daran erinnert.

Jeder kann achtsam atmen und dadurch Achtsamkeit schaffen. Jede kann achtsam einen Schritt machen und achtsam die Erde berühren, achtsam das Reich Gottes berühren. Es gibt einige unter uns, die in den Weltraum reisen müssen, um die Erde wertschätzen zu können. Wir haben die Neigung, die Dinge für selbstverständlich zu halten. Wir wertschätzen nicht, was wir bereits haben. Es sind uns so viele Bedingungen für Glück und Wohlergehen zugänglich, doch wir sind nicht in der Lage, mit ihnen in Kontakt zu kommen. Die Lehre des Buddha will uns helfen, achtsam zu sein, gewahr zu sein, dass wir da sind, dass der Himmel blau ist, dass die Bäume und Flüsse da sind, dass wir jeden Augenblick unseres täglichen Lebens genießen können und damit unsere Fortführung eine bessere Chance haben wird. Achtsamkeit lässt jeden Augenblick unseres Lebens zu einem wundervollen Moment werden. Das ist das größte Geschenk, das wir unseren Kindern machen können. Wer sind unsere Kinder? Unsere Kinder sind wir, denn unsere Kinder sind unsere Fortführung. So kann also jeder Augenblick unseres täglichen Lebens ein Geschenk werden – an unsere Kinder, an die Welt.

Mit den Füßen des Buddha

Als ich das erste Mal nach Indien reiste, konnte ich beim Landeanflug auf den Flughafen von Patna eine Viertelstunde lang die Landschaft unter mir betrachten. Zum ersten Mal sah ich den Ganges. Ich hatte als Novize vom Ganges gehört, davon, dass die Sandkörner zu zahlreich seien, um sie zählen zu können. In alter Zeit hieß die Stadt unter mir Pataliputra. Nach dem Tod des Buddha war sie die Hauptstadt von Magadha. Ich schaute hinunter und sah die Fußabdrücke des Buddha, überall entlang des Ganges. Es ist überliefert, dass der Buddha viele Male an diesem Fluss entlangschritt; einige Königreiche lagen damals an diesem Fluss. Ich war sehr bewegt. Eine Viertelstunde lang konnte ich kontemplieren, visualisieren und den Buddha in Würde, Freiheit, Frieden und Freude gehen sehen. Auf diese Weise ging er fünfundvierzig Jahre lang, brachte den Menschen seine Weisheit und sein Mitgefühl und vermittelte so vielen die Praxis der Befreiung – dazu gehörten die einflussreichsten und mächtigsten Persönlichkeiten der damaligen Zeit wie Könige und Minister und die ärmsten und verachtetsten Menschen der Gesellschaft wie die Unberührbaren, Lumpensammler, Straßenkehrer und so weiter.

Der Buddha liebte das Gehen. Er ging viel. Zu seiner Lebzeit gab es kein Auto, keinen Zug, kein Flugzeug. Ab und zu benutzte er ein Boot, um einen Fluss hinunterzufahren oder überzusetzen. Doch meist ging er. Er ging mit seinen Freunden, seinen Schülerinnen und Schülern. Während seiner fünfundvierzigjährigen Lehrzeit besuchte und unterwies er in vielleicht vierzehn oder fünfzehn Ländern des alten Indien und Nepal. Natürlich genoss der Buddha die Sitzmeditation, aber er genoss ebenso die Gehmeditation.

Wenn Sie in Indien von Benares nach Neu-Delhi reisen wollen, müssen Sie fliegen. Doch der Buddha ging nach Delhi. Während der dreimonatigen Regenzeit blieb der Buddha an einem Ort, um mit seinen Mönchen zu praktizieren. Doch während der anderen Monate des Jahres begab sich der Buddha hierhin und dorthin, traf Menschen und half ihnen zu praktizieren. Der Laie Anathapindika, der dem Buddha den Jeta-Hain geschenkt hatte, hatte eine Tochter, die mit einem Mann aus Bengalen verheiratet war. Eines Tages lud sie den Buddha ein, sie an ihrem Heimatort zu besuchen. Also ging der Buddha mit fünfhundert Mönchen an die Ostküste Indiens. Er mochte die Ostküste und gab viele Belehrungen dort. Er verbrachte mehr als zwanzig Regenzeit-Retreats im Jeta-Kloster. Er ging nach Norden, dorthin, wo heute Neu-Delhi liegt. Und gelegentlich ging er auch in den Westen. Der König von Avanti wollte ihn an die Westküste einladen, doch der Buddha entsandte statt seiner zwei seiner älteren Schüler. Einer von ihnen war Mahakatyayana, der andere hieß Shonakutivimsa. Mahakatyayana war ein sehr geschickter und wortgewandter Dharma-Lehrer. Die beiden Mönche bauten an der Westküste viele Praxiszentren auf. Die Bedingungen dort waren recht schwierig, und so baten die beiden den Buddha, einige der Richtlinien zu modifizieren, damit die Lehren an der Westküste leichter praktiziert werden könnten. Die fraglichen Regeln bezogen sich auf das Schuhwerk. Den Mönchen im Westen wurde dann vom Buddha erlaubt, Schuhe mit mehreren Sohlen zu tragen, damit sie ihre Füße besser schützen konnten. Und sie durften auf den Häuten toter Tiere sitzen, um sich vor Feuchtigkeit und Steinen zu schützen. Die Lebensbedingungen waren sehr viel härter dort als in anderen Teilen Indiens.

Ein reicher Händler von der Westküste besuchte den Buddha in Shravasti und wollte Mönch werden. Nachdem er als Mönch gut praktiziert hatte, wollte er zurück an die Westküste gehen, um dort eine Gemeinschaft aufzubauen. Sein Name war Punna. Es gibt eine berühmt gewordene Unterhaltung zwischen ihm und dem Buddha. Der Buddha sagte: »Ich habe gehört, die Menschen im Westen sind nicht sehr höflich und werden schnell wütend. Was wirst du tun, wenn sie dich anschreien?« Und der Mönch Punna sagte: »Herr, wenn sie mich anschreien, sage ich, dass sie noch mitfühlend sind, da sie mich nicht mit Steinen bewerfen.« »Und wenn sie dich mit Steinen bewerfen?« »Herr, dann halte ich sie immer noch für mitfühlend genug, mich nicht mit Stöcken zu schlagen.« »Was, wenn sie zu Stöcken greifen?« »Dann sind sie in meinen Augen noch immer mitfühlend, da sie keine Messer nehmen, um mich zu töten.« Und der Buddha fragte: »Was wäre, wenn sie dich mit einem Messer töteten?« »In diesem Fall würde ich um des Dharma willen sterben. Ich wäre sehr glücklich. Ich habe keine Angst. Und auch mein Tod wäre eine Belehrung.« Da sagte der Buddha: »Gut, du bist bereit, dorthin zu gehen.« So empfing der Ehrenwerte Punna die Unterstützung des Buddha und der Gemeinschaft, und er zog an die Westküste und gründete ein Kloster, in dem schließlich fünfhundert Mönche lebten.

Wenn wir in Achtsamkeit gehen, dann werden unsere Füße die Füße des Buddha. Heutzutage können wir die Füße des

Buddha nicht nur an der Westküste Indiens gehen sehen, sondern auch in Afrika, Australien, Neuseeland, Russland und Südamerika. Ihre Füße werden zu den Füßen des Buddha. Weil Sie da sind, kann der Buddha überall gehen. Wo immer Sie sind, ob Sie in Holland, Deutschland, Israel oder Kanada sind, Sie gehen für den Buddha. Sie sind eine Freundin des Buddha, ein Schüler des Buddha, eine Fortführung des Buddha. Dank Ihnen geht der Buddha noch immer und berührt überall die Erde. Jeder Schritt, den Sie tun, bringt Festigkeit, Freiheit und Freude. Mit den Füßen des Buddha können wir den Buddha überall hinbringen, in die entferntesten Gebiete, in Slums, verarmte Landstriche, wo die Menschen hungern müssen und Diskriminierung erfahren. Sie können den Buddha in die Gefängnisse bringen. Sie machen das Dharma für alle verfügbar. Ich glaube, es ist wundervoll, eine Fortführung des Buddha zu sein – es ist leicht. Sie atmen nur, Sie gehen nur, und so setzen Sie den Buddha fort. Auf diese Weise wird jeder Augenblick Ihres täglichen Lebens zu einem Wunder.

Das ist das größte Geschenk für die zukünftigen Generationen. Sie brauchen nicht viel Geld oder Ruhm oder Macht, um glücklich zu sein. Wir brauchen Achtsamkeit für unser Glück. Wir brauchen Freiheit – Freiheit von unseren Sorgen, unserer Gier, unseren Ängsten – dann können wir mit den Wundern des Lebens in Berührung kommen, die für uns im Hier und Jetzt vorhanden sind. Das können wir schaffen, sowohl individuell als auch mit Unterstützung der Sangha. Wo immer Sie hingehen, können Sie den Buddha mitnehmen, denn Sie sind eine Fortführung des Buddha. Wo immer Sie sind, können Sie eine Sangha aufbauen, die Ihre Praxis unterstützt, sodass der Buddha dort längere Zeit bleiben und dann weiterziehen kann.

Die Erde berühren

Das Gehen ist eine Form der Erdberührung. Wir berühren die Erde mit unseren Füßen, und wir heilen die Erde, wir heilen uns, und wir heilen die Menschheit. Wann immer Sie fünf, zehn oder fünfzehn Minuten Zeit haben, sollten Sie das Gehen genießen. Jeder Schritt bringt unserem Körper und unserem Geist Heilung und Nahrung. Jeder Schritt, den wir in Achtsamkeit und in Freiheit gehen, kann uns heilen und transformieren, und die Welt wird mit uns gemeinsam geheilt und transformiert.

Beginnen Sie wie der neugeborene Buddha mit sieben Schritten. Wir kommen nach Hause ins Hier und Jetzt und machen einen Schritt. »Die Erde berührend weiß ich, wie wundervoll dieser Planet ist.« Mit dem zweiten Schritt wird die Einsicht noch tiefer: »Ich berühre nicht nur die Erde, sondern berühre auch den Himmel, der in der Erde ist, ich berühre die Natur des Interseins.« Mit dem dritten Schritt können sie alle Lebewesen berühren, auch unsere Vorfahren und die Kinder, die der Zukunft angehören. Mit jedem Schritt erlangen wir Erleuchtung. So zu gehen ist keine harte Arbeit, wir erschaffen damit Achtsamkeit, Konzentration und Einsicht, die Grundlage unseres Wohlergehens und unseres Glücks.

Wollen Sie ein Praktizierender, eine Praktizierende sein? Es ist einfach. Sie müssen nur achtsam wie der neugeborene Buddha gehen, im Hier und Jetzt, sich der vorhandenen Wunder des Lebens vollkommen bewusst.

Die Praxis der Erdberührung ist sehr heilsam. Auf diese Weise können wir eine direkte Unterhaltung mit dem Buddha führen. Nach drei oder vier Minuten Gespräch mit dem Buddha praktizieren wir die Erdberührung nicht nur mit den Füßen, sondern auch mit unseren beiden Händen und der Stirn. So begeben wir uns in eine fast liegende Position und berühren die Erde an fünf Punkten unseres Körpers. Wir geben uns der Erde hin, wir werden eins mit der Erde, und wir laden die Erde ein und erlauben ihr, uns zu umfassen und zu heilen. Wir müssen unser Leiden nicht mehr alleine tragen. Wir bitten die Erde als unsere Mutter, uns zu halten, uns mit all unserem Leiden zu halten, sodass wir Heilung und Transformation empfangen können.

Ich hoffe, Sie werden das in zweifacher Weise tun. Gehen Sie als Erstes in die Nähe eines Baumes oder wo immer Sie mögen, und praktizieren Sie die Erdberührung für sich allein. Sie atmen und sprechen mit dem Buddha. Sagen Sie die Dinge, die Ihnen am Herzen liegen. Nach zwei oder drei Minuten praktizieren Sie die Erdberührung. Sie können dies auch zusammen mit Ihrer Familie oder Ihrer Sangha tun. Schon nach dem ersten Mal werden Sie Transformation und Heilung klar spüren können. Es kann gar nicht anders sein. Es ist wie beim Essen. Sie empfangen aus dem, was Sie essen, die Nährstoffe. Daran gibt es keinen Zweifel. Ich bin mir sicher, dass nach ein oder zwei Wochen der Praxis Transformation und Heilung stattfinden werden, nicht nur für uns, sondern für alle Menschen, die wir in uns tragen.

Der Buddha gehört nicht der Vergangenheit an, der Buddha gehört der Gegenwart an. Wenn wir Vesakh, die Geburt des Buddha, feiern, ermöglichen wir dem Buddha in uns, geboren zu werden. Sie sollten sich fragen: »Wer ist der Buddha?« Und Sie sollten darauf antworten können: »Ich bin der Buddha«, denn mit Achtsamkeit und Konzentration werden Sie zum Buddha. Sie wissen dann, dass Sie das Werk des Buddha weiterführen wollen.

Ein Körper, viele Körper

Der Buddha gab einmal eine Belehrung über den Bodhisattva Vajragarbha. Dieser predigte die Lehre der wechselseitigen Verbundenheit, des Interseins. Nachdem er geendet hatte, kamen viele, viele Bodhisattvas aus den zehn Richtungen, und sie alle sahen genauso aus wie Vajragarbha. Sie kamen zu ihm und sagten: »Lieber Bodhisattva Vajragarbha, auch wir werden Vajragarbha genannt, und auch wir verkünden überall die Lehre der wechselseitigen Verbundenheit, des Interseins.«

Plötzlich streckten alle Buddhas aus jeder Ecke des Universums ihre langen Arme aus und strichen damit Vajragarbha über sein Haupt und sagten: »Gut, gut mein Sohn, du hast die Lehre der wechselseitigen Verbundenheit, des Interseins, sehr gut vermittelt.« Obwohl es zahllose Buddhas waren, die ihre Arme ausstreckten, stießen sie mit ihren Händen nicht zusammen.

Ich glaube, dies bedeutet, dass die guten Taten, die wir an einem Ort tun, überall im Kosmos eine Wirkung haben. Seien Sie nicht besorgt, wenn Sie das Gefühl haben, nur etwas ganz winzig kleines Gutes in einer unbedeutenden Ecke des Kosmos tun zu können. Seien Sie der Buddha-Körper an diesem einen Ort. Wenn Sie in Frankreich leben, kümmern Sie sich um Frankreich. Sorgen Sie sich nicht um andere Orte. Es gibt andere Buddha-Körper an anderen Orten, die das Gleiche tun. Sie müssen es an Ihrem Ort so gut wie möglich machen, und Ihre Wandlungskörper werden es an ihren jeweiligen Orten gut machen. Jeder Mensch hat seinen Wandlungskörper, ob er es glaubt oder nicht.

Ich lebe seit vielen Jahren nicht mehr in Vietnam. Doch viele meiner Freunde, die inzwischen in Vietnam waren, haben mir erzählt, dass meine Präsenz in diesem Land sehr deutlich, sehr stark ist. Ich habe viele Wandlungskörper, die dort wirken. Jeden Gedanken, den Sie geschaffen, jedes Wort, das Sie geäußert, jede Handlung, die Sie vollzogen haben, sind in den Kosmos eingegangen, und dort tun die anderen dann Ihr Werk. Sie haben zahllose Wandlungskörper, die dort die Arbeit machen. Stellen Sie also sicher, dass Sie nur gute Wandlungskörper in die vielen Richtungen entsenden.

Im *Lotos-Sutra* enthüllt der Buddha seinen Schülern seine vielen Wandlungskörper. Vorher glaubten sie, dass ihr Lehrer nur dort vor Ort bei ihnen säße, begrenzt in Raum und Zeit, dass er nur achtzig Jahre alt werden könnte und die Länder am Ganges durchwanderte. Doch an diesem Tag, auf dem Gridhrakuta-Gipfel, bat der Buddha seine Wandlungskörper, aus den verschiedenen Ecken des Kosmos herbeizukommen. Die Schüler des Buddha erkannten nun, dass der Buddha nicht nur der eine Körper war, der Mann, der mit ihnen da auf dem Gridhrakuta-Gipfel saß, sondern dass er sehr, sehr viele Wandlungskörper hatte. Sie konnten ihren Lehrer in der letztendlichen Dimension berühren, nicht nur in der historischen. Die Praxis besteht darin, sich selbst in der letztendlichen Dimension zu berühren, die Liebsten in der letztendlichen Dimension zu berühren. Dann werden wir frei sein von Angst, von Raum und von Zeit. Sie wissen, dass Sie überall zahllose Manifestationskörper haben. Diese werden Sie fortführen, immerwährend. Die Auflösung des Körpers bedeutet nicht, dass Sie aufhören werden zu sein. Sie werden sich in vielen anderen Formen fortsetzen. Die Lehren des *Lotos-Sutra* helfen uns, die Wirklichkeit in ihrer letztendlichen Dimension zu berühren und einen klareren Blick auf uns selbst und andere Menschen, auf die Welt zu haben.

Sie haben etwas Gutes getan. Doch es scheint so, als habe das niemand bemerkt. Sorgen Sie sich nicht. Alle Buddhas im Kosmos wissen darum. Wenn Sie wissen, wie Sie schauen müssen, können Sie sehen, dass alle Buddhas ihre Arme ausstrecken und Ihnen über den Kopf streichen und sagen: »Gut, gut, das hast du sehr gut gemacht.« Das Sutra will uns das vermitteln.

Wenn Sie heute noch die Gelegenheit haben, Gemüse zu schneiden, dann versuchen Sie, das Gemüse mit den Händen Ihrer Vorfahren, mit den Händen des Buddha zu schneiden.

Denn der Buddha wusste, wie man Gemüse schneidet – achtsam und freudvoll. Sie tun es für den Buddha. Sie tun es für Ihre Vorfahren. Wenn Sie heute Gehmeditation praktizieren, dann gehen Sie so, dass Sie die zahllosen Füße sehen können, die denselben Schritt machen wie Sie. Benutzen Sie die Kraft der Visualisierung, und Sie können die Vorstellung von Ich und Ding auslöschen. Sie übermitteln dem Speicherbewusstsein die Elemente der Weisheit, die diesem helfen, gute Entscheidungen für uns, für alle zu treffen.

Die Sangha mitnehmen

Jeder und jede von uns wird den Buddha in seiner, in ihrer Weise fortsetzen. Praktizieren wir Achtsamkeit und Konzentration, dann sind der Buddha, das Dharma und die Sangha stets bei uns, selbst wenn die Gesellschaft es uns schwer macht, im gegenwärtigen Moment zu leben. Doch mit dem Geist der Liebe, mit Entschlossenheit werden wir imstande sein, das Reine Land des Buddha bei uns zu haben und mit vielen Menschen zu teilen. Ich habe in den letzten neununddreißig Jahren nur deshalb überlebt, weil ich meine Sangha immer bei mir hatte. Mit der Sangha in Ihnen sterben Sie nicht als einzelne, isolierte Zelle ab.

Von Zeit zu Zeit mögen Sie vielleicht beim Gehen oder Kochen oder Autofahren innehalten und die innere Sangha berühren. »Liebe Sangha, seid ihr noch immer bei mir?« Und Sie hören die Sangha antworten: »Wir sind immer bei dir; wir werden dich stets unterstützen, werden nicht zulassen, dass du als einzelne, isolierte Zelle abstirbst.«

Sind Sie der inneren und der äußeren Sangha gewahr, dann werden Sie die Energie haben, in Ihrem Tun fortzufahren. Jeder von uns muss eine Fackel sein. Jede von uns muss ein Element der Inspiration für die vielen anderen sein, jeder von uns muss ein Bodhisattva sein. Eine Bodhisattva zu sein ist nichts Spektakuläres, es ist unsere tägliche Praxis.

Den buddhistischen Lehren zufolge ist der Buddha ein Lebewesen. Ohne Lebewesen kann der Buddha nicht sein. Um also ein Buddha zu sein, müssen Sie ein Lebewesen sein. Und um ein Lebewesen zu sein, müssen Sie ein Buddha sein, denn diese beiden sind eins. Wäre die Buddhanatur nicht in Ihnen, wären Sie kein Lebewesen. Jedes Lebewesen hat die Buddhanatur. Es ist möglich, wie ein Buddha zu atmen, wie ein Buddha zu gehen, wie ein Buddha zu sitzen und zu essen und zu trinken wie ein Buddha. Die Praxis der Achtsamkeit hilft uns, im Hier und Jetzt ein Buddha zu werden. Wenn Sie nach dem Buddha von vor zweitausendsechshundert Jahren schauen, werden Sie ihn verpassen. Doch wenn Sie einatmen und von der Tatsache erleuchtet werden, dass Sie der Buddha sind, dass Sie seine Fortführung sind, dann ist der Buddha sofort gegenwärtig.

Das Ende der einen Reise ist der Beginn der anderen, der Fortführung. Und ich hoffe, ich bete zum Buddha und allen Bodhisattvas, dass Sie sicher, gesund und glücklich sein mögen. Wir verlassen uns auf Sie, und der Buddha verlässt sich auf uns. Genießen Sie das Gehen. Machen Sie sieben Schritte, und sehen Sie, was geschieht.

Übungen zur Stärkung des Buddha-Körpers und des Buddha-Geistes

Im Folgenden finden Sie einige einfache Übungen, durch die Sie die Verbindung zwischen Buddha-Geist und Buddha-Körper stärken können.

Gehmeditation

Der Geist kann in tausend Richtungen treiben.
Ich aber wandere friedvoll auf diesem schönen Pfad.
Mit jedem Schritt kommt ein sanfter Windhauch auf.
Eine Blüte öffnet sich mit jedem Schritt.

Gehmeditation ist eine Meditation während des Gehens. Wir gehen langsam und entspannt und haben ein leichtes Lächeln auf unseren Lippen. Wenn wir auf diese Weise gehen, fühlen wir uns vollkommen wohl, und unsere Schritte sind die eines Menschen, der sich ganz in Sicherheit fühlt. Gehmeditation lässt uns das Gehen genießen – wir gehen nicht, um anzukommen, wir gehen, um zu gehen, um im gegenwärtigen Augenblick zu sein und uns jedes Schrittes zu erfreuen. Darum sollten Sie dabei alle Sorgen und Ängste abschütteln, nicht an die Zukunft denken, nicht an die Vergangenheit denken, sondern nur den gegenwärtigen Augenblick genießen. Wir alle können das. Wir brauchen nur etwas Zeit, etwas Achtsamkeit und den Wunsch, glücklich zu sein.

Wir gehen sehr oft am Tag, aber meist ist es eher ein Herumrennen. Unsere hastigen Schritte drücken Angst und Sorgen in die Erde ein. Können wir einen Schritt in Frieden gehen, dann können wir auch zwei, drei, vier und dann fünf Schritte für den Frieden und das Glück der Menschheit machen.

Unser Geist eilt von einem Ding zum anderen, wie ein Affe, der sich ohne Pause von Ast zu Ast schwingt. Gedanken ziehen uns fortwährend in die Welt der Achtlosigkeit. Wenn wir den Weg unserer Gehmeditation in ein Feld der Meditation verwandeln können, dann werden unsere Füße jeden Schritt in vollkommener Aufmerksamkeit machen, unser Atem wird in Harmonie mit unseren Schritten und unser Geist wird ganz entspannt und in Ruhe sein. Jeder unserer Schritte wird unseren Frieden und unsere Freude verstärken, und ein Strom ruhiger Energie wird uns durchströmen. Dann können wir sagen: »Mit jedem Schritt kommt ein sanfter Windhauch auf.«

Während des Gehens können wir bewusstes Atmen mit dem Zählen unserer Schritte verbinden. Nehmen Sie wahr, wie viele Schritte Sie jeweils beim Ein- und beim Ausatmen machen. Wenn es drei Schritte beim Einatmen sind, sagen Sie still: »Eins, zwei, drei« oder »Ein, ein, ein«, ein Wort bei jedem Schritt. Atmen Sie aus, sagen Sie bei drei Schritten: »Eins, zwei, drei« oder »Aus, aus, aus.« Wenn Sie drei Schritte während des Einatmens und vier während des Ausatmens machen, sagen Sie: »Ein, ein, ein. Aus, aus, aus, aus«, oder »Eins, zwei, drei. Eins, zwei, drei, vier.«

Versuchen Sie nicht, Ihr Atmen zu kontrollieren. Lassen Sie Ihren Lungen so viel Zeit und Luft, wie sie brauchen; nehmen Sie einfach wahr, achtsam für Ihren Atem und Ihre Schritte, wie viele Schritte Sie machen, während Ihre Lungen sich füllen, und wie viele, wenn sie sich leeren. Achtsamkeit ist der Schlüssel.

Gehen Sie bergauf oder bergab, dann wird sich die Anzahl der Schritte bei einem Atemzug verändern. Folgen Sie stets den Bedürfnissen Ihrer Lungen. Versuchen Sie weder Ihr Atmen noch Ihr Gehen zu kontrollieren. Beobachten Sie es nur genau.

Zu Beginn der Praxis dauert die Ausatmung vielleicht länger als die Einatmung. Sie machen möglicherweise drei Schritte beim Einatmen und vier beim Ausatmen (3–4), oder zwei Schritte/drei Schritte (2–3). Wenn das für Sie angenehm ist, dann üben Sie in dieser Weise. Nach einiger Zeit der Praxis werden Ein- und Ausatem vermutlich gleich lang werden: 3–3, 2–2 oder 4–4.

Wenn Sie beim Gehen etwas sehen, das Sie mit Ihrer Achtsamkeit berühren wollen – den blauen Himmel, die Hügel und Berge, einen Baum oder einen Vogel –, dann halten Sie an, doch denken Sie daran, weiterhin achtsam zu atmen. Sie können das Objekt Ihrer Kontemplation durch das achtsame

Atmen lebendig erhalten. Wenn Sie nicht bewusst atmen, dann wird Ihr Denken früher oder später zurückkehren, und der Vogel oder der Baum wird verschwinden. Bleiben Sie immer bei Ihrem Atem.

Beim Gehen möchten Sie vielleicht die Hand eines Kindes halten. Das Kind wird Ihre Konzentration und Stabilität empfangen, und Sie werden seine Frische und Unschuld empfangen. Von Zeit zu Zeit läuft es vielleicht vorneweg und wartet dann darauf, dass Sie es wieder einholen. Ein Kind ist eine Glocke der Achtsamkeit und erinnert uns daran, wie wundervoll das Leben ist. In Plum Village lehre ich die jungen Menschen einen einfachen Vers, den sie beim Gehen sagen können: »Ja, ja, ja«, während sie einatmen, und »Danke, danke, danke«, während sie ausatmen. Ich möchte, dass sie auf das Leben, die Gesellschaft, die Erde auf positive Weise antworten. Ihnen gefällt das sehr.

Nachdem Sie für einige Tage so geübt haben, versuchen Sie, Ihre Ausatmung um einen Schritt zu verlängern. Ist Ihre normale Atmung zum Beispiel 2–2, so verlängern sie Ihre Ausatmung und praktizieren Sie 2–3 für vier oder fünf Male. Kehren Sie dann zu 2–2 zurück. Beim normalen Atmen entleeren wir niemals vollständig unsere Lungen. Es bleibt immer etwas Luft zurück. Verlängern Sie Ihre Ausatmung um einen Schritt, so werden Sie noch etwas mehr Luft ausatmen. Doch übertreiben Sie nicht. Und vier oder fünf Mal sind genug. Mehr kann ermüdend sein. Nachdem Sie vier oder fünf Mal auf diese Weise geatmet haben, kehren Sie zu Ihrer normalen Atmung zurück. Fünf bis zehn Minuten später können Sie den Prozess wiederholen. Denken Sie daran, Ihre Ausatmung um einen Schritt zu verlängern, nicht Ihre Einatmung.

Nachdem Sie einige Tage in dieser Weise praktiziert haben, sagen Ihre Lungen vielleicht: »Es wäre wundervoll, wenn der Rhythmus 3–3 statt 2–3 sein könnte. Wenn die Botschaft eindeutig ist, dann folgen Sie ihr, aber nur für vier oder fünf Male. Dann kehren Sie wieder zu 2–2 zurück. In fünf oder zehn Minuten beginnen Sie mit 2–3 und dann 3–3. Nach einigen Monaten werden Ihre Lungen kräftiger geworden sein, und Ihr Blut wird besser zirkulieren. Ihr Atmen wird sich verändert haben.

Bei der Gehmeditation kommen wir in jedem Augenblick an. Wenn wir in jeden Augenblick tief eintauchen, werden unser Bedauern und unsere Sorgen verschwinden, und wir werden das Leben mit all seinen Wundern entdecken. Einatmend sagen wir: »Ich bin angekommen.« Ausatmend sagen wir: »Ich bin zu Hause.« So überwinden wir unsere Zerstreutheit und verweilen friedvoll im gegenwärtigen Moment, und dies ist der einzige Moment, in dem wir lebendig sind.

Sie können bei der Gehmeditation auch die Zeilen eines Gedichtes als Orientierung nutzen. Im Zen-Buddhismus wirken Poesie und Praxis immer zusammen.

Ich bin angekommen.
Ich bin zu Hause
im Hier
und im Jetzt.
Ich bin fest.

Ich bin frei.
Im Letztendlichen
verweile ich.

Seien Sie beim Gehen stets Ihrer Füße gewahr, gewahr auch des Bodens und der Verbindung zwischen ihnen, die durch das bewusste Atmen geschaffen wird. Manche sagen, auf dem Wasser zu gehen, das sei ein Wunder, aber für mich besteht das tatsächliche Wunder darin, achtsam auf der Erde zu gehen. Die Erde ist ein Wunder. Jeder Schritt ist ein Wunder. Schritte auf unserer wunderbaren Erde zu machen kann wirkliches Glück hervorbringen.

Die Erde berühren

Die Praxis der Erdberührung lässt uns zur Erde zurückkehren, zu unseren Wurzeln, unseren Vorfahren, lässt uns erkennen, dass wir nicht alleine, sondern verbunden sind mit einem ganzen Strom spiritueller und leiblicher Vorfahren. Wir sind ihre Fortführung und werden uns mit ihnen in zukünftigen Generationen fortsetzen. Wir berühren die Erde und lassen damit die Vorstellung los, wir seien abgetrennt und vereinzelt, und erinnern uns daran, dass wir Erde sind und Teil des Lebens.

Wenn wir die Erde berühren, werden wir klein, bescheiden und einfach wie ein Kind. Wenn wir die Erde berühren, werden wir groß wie ein alter Baum, der seine Wurzeln tief in die

Erde getrieben hat und aus der Quelle allen Wassers trinkt. Wenn wir die Erde berühren, atmen wir die Stärke und Stabilität der Erde ein und atmen unser Leiden aus – unsere Gefühle der Wut, des Hasses, der Angst, des Ungenügendseins und der Trauer.

Wir legen unsere Handflächen zu einer Lotosblüte zusammen und legen uns sanft der Länge nach auf den Boden, sodass unsere Gliedmaßen und unsere Stirn bequem auf dem Boden ruhen. Während wir die Erde berühren, drehen wir unsere Handflächen um, um unsere Offenheit für die Drei Juwelen – für Buddha, Dharma und Sangha – zu zeigen. Auch wenn wir die Fünf Erdberührungen oder die Drei Erdberührungen erst ein oder zwei Mal praktiziert haben, werden wir schon viel von unserem Leiden und unserem Gefühl der Entfremdung aufgelöst haben und uns mit unseren Vorfahren, Eltern, Kindern, Freunden und Freundinnen versöhnt haben.

Die Fünf Erdberührungen

I

In Dankbarkeit verbeuge ich mich vor allen Generationen meiner Vorfahren der leiblichen Familie.

(GLOCKE)

(ALLE BERÜHREN DIE ERDE)

Ich sehe meine Mutter und meinen Vater, deren Blut und deren Lebensenergie durch meine Adern zirkulieren und jede meiner Zellen nähren. Durch sie erkenne ich meine vier

Großeltern. Ihre Erwartungen, Erfahrungen und ihre Weisheit wurden von vielen Generationen der Vorfahren übermittelt. In mir trage ich das Leben, das Blut, die Erfahrung, die Weisheit, das Glück und die Sorgen und Nöte aller Generationen. Ich praktiziere, das Leiden umzuwandeln sowie all die Elemente, die umgewandelt werden müssen. Ich öffne mein Herz, mein Fleisch, meine Knochen, um die Energie der Einsicht, Liebe und Erfahrung, die mir von all meinen Vorfahren übertragen wurde, zu empfangen. Ich erkenne meine Wurzeln in meinem Vater, in meiner Mutter, meinen Großvätern, meinen Großmüttern und all meinen Vorfahren. Ich weiß, dass ich nur die Fortführung dieser Vorfahrenslinie bin. Bitte unterstützt und beschützt mich, und übertragt mir eure Energie. Ich weiß, dass die Vorfahren stets gegenwärtig sind, wenn Kinder und Enkelkinder da sind. Ich weiß, dass Eltern Ihre Kinder und Enkelkinder immer lieben und unterstützen, obgleich sie, aufgrund der Schwierigkeiten, denen sie selbst ausgesetzt waren, nicht immer in der Lage sein mögen, das auf geschickte Weise zum Ausdruck zu bringen. Ich erkenne, dass meine Vorfahren versucht haben, einen Lebensweg zu gehen, der auf Dankbarkeit, Freude, Vertrauen, Respekt und liebender Güte gegründet ist. Als Fortführung meiner Vorfahren verbeuge ich mich tief und lasse ihre Energie mich durchströmen. Ich bitte meine Vorfahren um ihre Unterstützung, ihren Schutz und ihre Stärke.

(DREI ATEMZÜGE)

(GLOCKE)

(ALLE STEHEN AUF)

II

In Dankbarkeit verbeuge ich mich vor allen Generationen meiner spirituellen Familie.

(GLOCKE)

(ALLE BERÜHREN DIE ERDE)

Ich erkenne meine Lehrerinnen, meine Lehrer in mir, die, die mir den Weg der Liebe und des Verstehens gewiesen haben, gezeigt haben, wie man atmet, lächelt, vergibt und tief im gegenwärtigen Moment lebt. Ich erkenne durch meine Lehrerinnen und Lehrer alle Lehrenden vieler Generationen und Traditionen, bis hin zu denen, die meine spirituelle Familie vor Tausenden von Jahren begründeten. Ich erkenne Buddha oder Christus oder die Patriarchen und Matriarchen oder ... [setzen Sie hier die Namen derjenigen ein, die Sie gern dazurechnen möchten] als meine Lehrer und Lehrerinnen und auch als meine spirituellen Vorfahren. Ich erkenne, dass ihre Energie und die von vielen Lehrergenerationen in mir fließt und Frieden, Freude und Verstehen schafft. Ich weiß, dass die Energie dieser Lehrer und Lehrerinnen die Welt tief verwandelt haben. Ohne den Buddha und all diese spirituellen Vorfahren würde ich nicht den Weg kennen, Frieden und Glück in mein Leben zu bringen sowie in das Leben meiner Familie und der Gesellschaft. Ich öffne mein Herz und meinen Körper, um die Energie des Verstehens und der liebenden Güte zu empfangen, den Schutz der Erwachten, ihrer Lehren und den der Praxisgemeinschaften so vieler Generationen. Ich bin ihre Fortführung. Ich bitte diese spirituellen Vorfahren, mir ihre unbegrenzte Quelle der Energie, des Friedens, der Stabilität, des Verstehens und der Liebe zu übertragen. Ich gelobe, das Leiden in mir und in der Welt zu transformieren und ihre Energie an zukünftige Generationen zu übertragen. Meine spirituellen Vorfahren mögen ihrerseits Probleme gehabt haben und nicht immer in der Lage gewesen sein, die Lehren gut zu vermitteln, aber ich akzeptiere sie so, wie sie sind.

(DREI ATEMZÜGE)

(GLOCKE)

(ALLE STEHEN AUF)

III

In Dankbarkeit verbeuge ich mich vor diesem Land und allen Vorfahren, die es aufgebaut haben.

(GLOCKE)

(ALLE BERÜHREN DIE ERDE)

Ich sehe, dass ich ganz bin, beschützt und genährt von diesem Land und allen Lebewesen, die hier lebten und durch all ihre Anstrengungen das Leben für mich einfach und möglich gemacht haben. Ich sehe ... [fügen Sie hier die Namen der Vorfahren ein, die für das Land, in dem Sie praktizieren, maßgebend und wichtig waren] und all die anderen bekannten und unbekannten Menschen. Ich sehe die, die dieses Land durch ihre Talente, ihre Beharrlichkeit und ihre Liebe zu einer Zuflucht für Menschen so vieler Abstammungen und Hautfarben gemacht haben, sehe die, die schwer gearbeitet haben, um Schulen, Krankenhäuser, Brücken und Straßen zu bauen, erkenne die, die die Menschenrechte geschützt,

Wissenschaft und Technologie entwickelt und für Freiheit und soziale Gerechtigkeit gekämpft haben. Ich spüre, wie die Energie dieses Landes meinen Körper und meine Seele durchdringt, mich unterstützt und akzeptiert. Ich gelobe, diese Energie zu kultivieren und zu bewahren und sie an zukünftige Generationen zu übertragen. Ich gelobe, meinen Teil dazu beizutragen, die Gewalt, den Hass und die Verblendung zu verwandeln, die noch immer tief im kollektiven Bewusstsein dieser Gesellschaft sind, damit künftige Generationen mehr Sicherheit, Freude und Frieden erfahren werden. Ich bitte dieses Land um seinen Schutz und seine Unterstützung.

(DREI ATEMZÜGE)

(GLOCKE)

(ALLE STEHEN AUF)

IV

In Dankbarkeit und Mitgefühl verbeuge ich mich und übertrage meine Energie denen, die ich liebe.

(GLOCKE)

(ALLE BERÜHREN DIE ERDE)

Alle Energie, die ich empfangen habe, möchte ich jetzt an meinen Vater, meine Mutter, an alle, die ich liebe, übertragen, an alle, die wegen mir und um meines Wohles willen leiden und sich sorgen mussten. Ich weiß, dass ich in meinem täglichen Leben nicht achtsam genug war. Ich weiß, dass auch die, die mich lieben, ihre Probleme und Schwierigkeiten haben. Sie mussten leiden, weil sie nicht das Glück hatten, in einer Umgebung zu leben, die ihre vollständige Entwicklung ermutigt und gefördert hat. Ich übertrage meine Energie an meine Mutter, meinen Vater, meine Brüder, meine Schwestern, meine Liebsten, meinen Ehemann, meine Ehefrau, meine Tochter und meinen Sohn, sodass ihr Leiden gelindert wird, sodass sie lächeln können und Freude darüber empfinden, lebendig zu sein. Ich wünsche, dass sie alle gesund und voller Freude sind. Ich weiß, wenn Sie glücklich sind, dann werde auch ich glücklich sein. Ich fühle keinen Groll mehr gegen sie. Ich bete, dass alle Vorfahren meiner spirituellen und leiblichen Familie ihre Energien auf sie ausrichten, um sie zu schützen und zu unterstützen. Ich weiß, ich bin nicht getrennt von ihnen, ich bin eins mit denen, die ich liebe.

(DREI ATEMZÜGE)

(GLOCKE)

(ALLE STEHEN AUF)

V

In Dankbarkeit und Mitgefühl verbeuge ich mich und versöhne mich mit allen, durch die ich Leid erfuhr.

(GLOCKE)

(ALLE BERÜHREN DIE ERDE)

Ich öffne mein Herz und sende meine Energie der Liebe und des Verstehens an alle, durch die ich Leiden erfuhr, an alle, die mein Leben in großem Ausmaß zerstört haben sowie das Leben derer, die ich liebe. Ich weiß, dass diese Menschen sehr viel Leiden erfahren haben und dass ihre Herzen übervoll mit Schmerz, Wut und Hass sind. Ich weiß, dass jeder, der so viel leidet, denen Leiden bereiten wird, die ihn umgeben. Ich weiß, dass diese Menschen vermutlich niemals das Glück und die Chance hatten, dass man sich um sie kümmert und sie liebt. Das Leben und die Gesellschaft haben ihnen schwierige Umstände aufgebürdet. Ihnen wurde Unrecht zugefügt, sie wurden missbraucht. Sie wurden nicht angeleitet, den Weg des achtsamen Lebens zu gehen. Sie haben falsche Wahrnehmungen über das Leben, über mich und über uns angesammelt. Sie haben uns und den Menschen, die wir lieben, Unrecht angetan. Ich bete zu den Vorfahren meiner spirituellen und meiner leiblichen Familie, diesen Menschen, die uns Leid zugefügt haben, die Energie der Liebe und des Schutzes zu übertragen, damit ihre Herzen fähig werden, den Nektar der Liebe zu empfangen und zu erblühen wie eine Blume. Ich bete, dass sie verwandelt werden und Lebensfreude erfahren, sodass sie sich und anderen nicht weiter Leiden zufügen. Ich erkenne ihr Leiden und will keinerlei Gefühle des Hasses oder des Zorns mehr gegen sie in mir hegen. Ich möchte nicht, dass sie leiden. Ich leite meine Energie der Liebe und des Verstehens an sie und bitte all meine Vorfahren, ihnen zu helfen.

(DREI ATEMZÜGE)

(GLOCKE)

(ALLE STEHEN AUF)

Die Drei Erdberührungen

I

Ich berühre die Erde und verbinde mich mit meinen Vorfahren und den Nachkommen meiner spirituellen und meiner leiblichen Familie.

(GLOCKE)

(ALLE BERÜHREN DIE ERDE)

Zu meinen spirituellen Vorfahren gehören der Buddha, die Bodhisattvas, die Edle Sangha der Buddhaschülerinnen und -schüler ... [setzen Sie hier die Namen derjenigen ein, die Sie gern dazurechnen möchten] und meine eigene spirituelle Lehrerin, mein spiritueller Lehrer – ob noch am Leben oder bereits dahingeschieden. Sie sind in mir gegenwärtig, weil sie mir Samen des Friedens, der Weisheit, der Liebe und des Glücks übertragen haben. Sie haben in mir die Quelle des Verstehens und des Mitgefühls erweckt.

Wenn ich meine spirituellen Vorfahren betrachte, sehe ich die, die in der Praxis der Achtsamkeitsübungen, des Verstehens und des Mitgefühls bereits perfekt sind, und auch diejenigen, die darin noch nicht vollkommen sind. Ich akzeptiere sie alle, denn auch in mir sehe ich Schwierigkeiten und Schwächen. Ich bin mir bewusst, dass ich in der Praxis der Achtsamkeitsübungen noch nicht vollkommen bin und dass ich auch noch nicht so voller Verstehen und Mitgefühl bin, wie ich es gern wäre; deshalb öffne ich mein Herz und akzeptiere alle spirituellen Nachkommen.

Einige meiner Nachkommen praktizieren die Achtsamkeitsübungen, Verstehen und Mitgefühl in einer Weise, die Vertrauen und Respekt verdient, aber es gibt auch solche, die viele Schwierigkeiten haben und ständig Hochs und Tiefs in ihrer Praxis erleben.

Desgleichen akzeptiere ich in meiner Familie alle Vorfahren mütterlicher- und väterlicherseits. Ich erkenne all ihre guten Eigenschaften und ihre bedeutenden Leistungen an, genauso wie ihre Schwächen. Ich öffne mein Herz und akzeptiere alle meine leiblichen Nachkommen mit ihren guten Qualitäten, ihren Talenten und auch ihren Schwächen.

Meine spirituellen und meine leiblichen Vorfahren, meine spirituellen und leiblichen Nachkommen – sie alle sind ein Teil von mir. Ich bin sie, und sie sind ich. Ich besitze kein getrenntes Selbst. Alles existiert als Teil eines wundervollen Lebensstroms, der ständig im Fluss ist.

(DREI ATEMZÜGE)

(GLOCKE)

(ALLE STEHEN AUF)

II

Ich berühre die Erde und verbinde mich mit allen Menschen und allen Arten von Lebewesen, die in diesem Augenblick auf dieser Welt mit mir zusammen lebendig sind.

(GLOCKE)

(ALLE BERÜHREN DIE ERDE)

Ich fühle mich eins mit dem wundervollen Muster des Lebens, das ausstrahlt in alle Richtungen. Ich erkenne die enge Verbundenheit zwischen mir und anderen, sehe, wie wir gemeinsam Glück und Leid teilen. Ich bin eins mit denen, die behindert zur Welt gekommen sind oder die im Krieg, durch Unfall oder Krankheit eine Behinderung erlitten haben. Ich bin eins mit denen, die durch Krieg oder Unterdrückung in eine Zwangslage geraten sind. Ich bin eins mit denen, die in ihrem Familienleben unglücklich sind, die ohne Wurzeln sind und keinen Frieden im Geist finden, eins mit denen, die nach Verständnis und Liebe hungern, die nach etwas Schönem, Heilem und Wahrem suchen, das sie umarmen und an das sie glauben können. Ich bin jemand, der dem Tode sehr nahe und voller Angst ist, der nicht weiß, was geschehen wird. Ich bin ein Kind, das an einem Ort lebt, an dem größte Armut, Elend und Krankheit zu Hause sind, dessen Beine und Arme dürr wie Stöckchen sind und das keine Zukunft vor sich hat. Ich bin auch der Waffenfabrikant, der Bomben an die armen Länder verkauft. Ich bin der Frosch, der im Teich schwimmt, und auch die Schlange, die sich vom Körper des Frosches ernähren muss. Ich bin die Raupe oder die Ameise, nach der der Vogel Ausschau hält, um sie zu fressen; aber ich bin auch der Vogel, der nach Raupe und Ameise Ausschau hält. Ich bin der Wald, der gefällt wird. Ich bin der Fluss und die Luft, die verschmutzt werden, und ich bin auch der Mensch, der den Wald abholzt und die Flüsse und die Luft verschmutzt. Ich erkenne mich in allen Arten von Wesen, und ich erkenne alle Arten von Wesen in mir.

Ich bin eins mit den Großen Wesen, die die Wahrheit von Nicht-Geburt und Nicht-Tod erkannt haben, und die von daher die Formen von Geburt und Tod, Glück und Leiden mit ruhigen Augen betrachten können. Ich bin eins mit Menschen – von denen man überall welche finden kann –, die einen friedvollen Geist haben, die über ausreichend Verstehen und Liebe verfügen und das berühren können, was wundervoll, nährend und heilend ist, und die auch fähig sind, die Welt mit einem liebevollen Herzen und hilfreichen Armen zu umfangen. Ich bin jemand mit genügend Frieden, Freude und Freiheit und vermag den Lebewesen um mich herum Furchtlosigkeit und Freude anzubieten. Ich erkenne, dass ich nicht allein und abgeschnitten bin. Die Liebe und das Glück Großer Wesen auf diesem Planeten helfen mir, nicht in Verzweiflung zu versinken. Sie helfen mir, mein Leben in sinnvoller Weise zu leben, in wahrem Frieden und Glück. Ich erkenne sie alle in mir, und ich sehe mich in ihnen allen.

(DREI ATEMZÜGE)

(GLOCKE)

(ALLE STEHEN AUF)

III

Ich berühre die Erde und lasse die Vorstellung los, ich sei dieser Körper und meine Lebensspanne sei begrenzt.

(GLOCKE)

(ALLE BERÜHREN DIE ERDE)

Ich erkenne, dass dieser Körper, der aus den vier Elementen besteht, nicht wirklich ich ist und dass ich nicht durch diesen Körper begrenzt bin. Ich bin Teil eines Lebensstroms von spirituellen und leiblichen Vorfahren, der bereits seit Tausenden von Jahren in die Gegenwart fließt und für weitere Tausende von Jahren in die Zukunft fließen wird. Ich bin eins mit meinen Vorfahren, ich bin eins mit allen Menschen und allen Arten von Wesen, gleich, ob sie friedlich und furchtlos oder voller Leid und Angst sind. In diesem Augenblick bin ich überall auf der ganzen Welt anwesend, ich bin auch in der Vergangenheit und in der Zukunft anwesend. Die Auflösung des Körpers berührt mich nicht, gerade so, wie das Herabfallen einer Pflaumenblüte nicht das Ende des Pflaumenbaums bedeutet. Ich sehe mich als Welle auf der Oberfläche des Meeres, meine Natur ist das Wasser des Meeres. Ich erkenne mich wieder in allen anderen Wellen, und ich sehe all die anderen Wellen in mir. Das Erscheinen und Verschwinden der Form der Wellen macht dem Ozean nichts aus. Mein Dharma-Körper und mein spirituelles Leben sind nicht Geburt und Tod unterworfen. Ich erkenne, dass ich bereits da war, bevor mein Körper sich manifestierte, und dass ich noch da sein werde, nachdem mein Körper sich aufgelöst hat. Selbst in diesem Augenblick erkenne ich, dass ich woanders existiere als nur in diesem Körper. Siebzig oder achtzig Jahre sind nicht meine Lebensspanne. Meine Lebensspanne, wie auch die Lebensspanne eines Blattes oder eines Buddha, ist unbegrenzt. Ich habe die Vorstellung hinter mir gelassen, dass ich ein Körper bin, der in Raum und Zeit getrennt ist von allen anderen Formen des Lebens.

(DREI ATEMZÜGE)

(GLOCKE)

(ALLE STEHEN AUF)

Tiefenentspannung

Sich ausruhen ist eine Voraussetzung für Heilung. Wenn ein Tier sich im Wald verletzt, dann sucht es sich einen Platz, wo es sich niederlegen kann, und dort ruht es sich viele Tage lang aus. Es ist nicht an Futter oder etwas anderem interessiert. Es ruht nur und erfährt die Heilung, die es braucht. Wenn wir Menschen zu sehr gestresst sind, dann gehen wir vielleicht in die Apotheke und kaufen uns Pillen, aber wir hören nicht auf in unserem Tun. Wir wissen nicht, wie wir uns selbst helfen können.

Stress sammelt sich in unserem Körper an. Die Art, wie wir essen, trinken und leben, wirkt sich direkt auf unser Wohlergehen aus. Tiefenentspannung gibt unserem Körper die Möglichkeit, auszuruhen, zu heilen und sich zu stärken. Wir entspannen unseren Körper, schenken jedem Teil unsere Aufmerksamkeit und senden jeder Zelle unseres Körpers unsere Liebe und unsere Fürsorge.

Achtsames Atmen, totale Entspannung des Körpers können wir zu Hause mindestens einmal am Tag praktizieren. Dies kann zwanzig Minuten dauern oder auch länger. Wir können dazu unser Wohnzimmer nutzen. Ein Familienmitglied kann die Sitzung leiten. Und die jungen Leute können lernen, wie sie eine Sitzung für die ganze Familie leiten.

Ich bin der Meinung, wir sollten im 21. Jahrhundert einen Saal für Tiefenentspannung in jeder Schule haben. Sind Sie Lehrer oder Lehrerin können Sie die Techniken erlernen und ihre Schülerinnen und Schüler einladen, vor dem Unterricht oder nach dem halben Unterrichtstag in sitzender oder liegender Position zu praktizieren. Lehrer und Schüler genießen das achtsame Atmen und die totale Entspannung gemeinsam. Dies hilft den Lehrerinnen und Lehrern, weniger Stress zu haben, es hilft den Schülerinnen und Schülern, und es bringt eine spirituelle Dimension in die Schule. Als Ärztin oder Arzt können Sie die Techniken erlernen und Ihren Patientinnen und Patienten damit helfen. Kennen die Patienten die Kunst des achtsamen Atmens und der totalen Entspannung, dann wird ihre Fähigkeit, sich selbst zu heilen, gestärkt, und der Heilungsprozess wird sich beschleunigen. Auch Politikerinnen und Politiker sollten Tiefenentspannung und achtsames Atmen lernen. Manchmal dauern die Parlamentsdebatten bis zum späten Abend. Viele Abgeordnete sind unter Stress. Wir wollen, dass sie entspannt sind und sich wohlfühlen, um die bestmöglichen Entscheidungen zu treffen. Tiefenentspannung ist eine Praxis, es ist nichts Sektiererisches oder Religiöses; es ist Wissenschaft. Schon eine Übungssitzung kann bereits gute Wirkung zeitigen. Es ist sehr wichtig, Tiefenentspannung zu praktizieren.

Wenn Sie Probleme damit haben, ausreichend Schlaf zu finden, kann das durch Tiefenentspannung ausgeglichen werden. Liegen Sie wach im Bett, können Sie Tiefenentspannung praktizieren und Ihrem Ein- und Ausatem folgen. Manchmal können Sie dadurch wieder einschlafen. Doch selbst, wenn das nicht geschieht, ist die Übung sehr gut, weil sie nährend ist und Ihnen zu ruhen ermöglicht. Sie können auch einer wunderschönen Musik oder einem Gesang zuhören, auch das kann sehr erholsam und nährend sein. Es ist sehr wichtig, dass Sie sich erlauben zu ruhen.

Üben wir Tiefenentspannung in einer Gruppe, so kann eine Person die Übung anleiten und den folgenden Text mit vielleicht einigen Variationen benutzen. Machen Sie die Tiefenentspannung allein, können Sie den Text vorher auf Band aufnehmen und ihn dann abspielen.

Die Übung der Tiefenentspannung

Legen Sie sich auf den Rücken, die Arme seitlich am Körper. Machen Sie es sich bequem. Seien Sie des Bodens unter Ihnen gewahr ... und des Kontaktes zwischen Körper und Boden (Pause). Lassen Sie Ihren Körper in den Boden sinken (Pause).

Werden Sie sich Ihres Atems bewusst, wie Sie ein- und ausatmen. Nehmen Sie Ihre Bauchdecke wahr, die sich beim Ein- und Ausatmen hebt und senkt (Pause) ... hebt ... senkt ... hebt ... senkt (Pause).

Einatmend wenden Sie Ihre Aufmerksamkeit den Augen zu. Ausatmend entspannen Sie Ihre Augen. Lassen Sie die Augen zurück in den Kopf sinken ... lassen Sie die Spannungen in allen kleinen Muskeln im Augenbereich los ... unsere Augen erlauben uns, ein Paradies der Formen und Farben zu sehen ... lassen Sie die Augen zur Ruhe kommen ... senden Sie Ihren Augen Liebe und Dankbarkeit.

Einatmend bringen Sie Ihre Aufmerksamkeit zu Ihrem Mund. Ausatmend entspannen Sie den Mund. Lassen Sie die Spannung um Ihren Mund los ... die Lippen sind die Blüten einer Blume ... lassen Sie ein sanftes Lächeln auf Ihren Lippen erblühen ... das Lächeln löst die Spannung in den Hunderten von Gesichtsmuskeln auf ... spüren Sie, wie sich die Spannung in Ihren Wangen auflöst ... in Ihrem Kiefer ... in Ihrer Kehle ... (Pause).

Einatmend bringen Sie Ihre Aufmerksamkeit zu Ihren Schultern. Ausatmend entspannen Sie die Schultern. Lassen Sie sie in den Boden sinken ... lassen Sie alle angesammelten Spannungen in den Boden abfließen ... wir laden uns so viel auf unsere Schultern ... sorgen Sie für Ihre Schultern, entspannen Sie sie (Pause).

Einatmend werden Sie Ihrer Arme gewahr. Ausatmend entspannen Sie Ihre Arme. Lassen Sie Ihre Arme in den Boden sinken ... die Oberarme ... die Ellbogen ... die Unterarme ... die Handgelenke ... Hände ... Finger ... die winzigen Muskeln ... bewegen Sie Ihre Finger ein wenig, wenn Sie mögen, um die Muskeln besser zu entspannen.

Einatmend bringen Sie Ihre Aufmerksamkeit zu Ihrem Herzen. Ausatmend lassen Sie Ihr Herz sich entspannen (Pause). Wir haben unser Herz lange Zeit vernachlässigt ... durch die Art, wie wir arbeiten, essen und mit Angst und Stress umgehen (Pause) ... unser Herz schlägt für uns Tag und Nacht ... umarmen Sie Ihr Herz mit Achtsamkeit und Sanftheit ... versöhnen Sie sich mit Ihrem Herz, tragen Sie Sorge für Ihr Herz (Pause).

Einatmend bringen Sie Ihre Aufmerksamkeit zu Ihren Beinen. Ausatmend lassen Sie Ihre Beine entspannen. Lösen Sie alle Spannungen in Ihren Beinen auf ... die Oberschenkel ... die Knie ... die Unterschenkel ... die Waden ... die Knöchel ... die Füße ... die Zehen ... all die winzigen Muskeln in den

Zehen ... vielleicht mögen Sie die Zehen ein wenig bewegen, um ihnen zu helfen, sich zu entspannen ... senden Sie den Zehen Ihre Liebe und Fürsorge.

Einatmend, ausatmend fühlt sich der ganze Körper leicht ... wie Seegras auf Wasser. ... Sie müssen nirgends hingehen ... nichts tun ... Sie sind frei wie die Wolke am Himmel.

(Musik oder ein Gesang für einige Minuten) (Pause).

Bringen Sie Ihre Aufmerksamkeit zurück zu Ihrem Atem ... zu Ihrer Bauchdecke, die sich hebt und senkt (Pause).

Dem Atem folgend werden Sie sich Ihrer Arme und Beine bewusst ... vielleicht mögen Sie sie ein wenig bewegen und strecken (Pause).

Stehen Sie auf, wenn Sie bereit dazu sind.

Bei dieser Übung kann die Aufmerksamkeit zu jedem Teil unseres Körpers gelenkt werden: Haar, Schädel, Gehirn, Ohren, Hals, Lungen, jedes innere Organ, das Verdauungssystem, das Becken, zu jedem Teil des Körpers, der Heilung und Aufmerksamkeit braucht.

Wir umfassen und umarmen jeden Körperteil und senden Liebe, Dankbarkeit und Fürsorge, wenn wir ihn in unserer Aufmerksamkeit halten und ein- und ausatmen.

Anhang A
Verse über die Charakteristika der acht Bewusstseinsformen

von Meister Xuanzang (ca. 596–664)
aus der chinesischen Tang-Dynastie

(aus dem Chinesischen übersetzt von Thich Nhat Hanh)

Verse über die ersten fünf Formen des Bewusstseins (Sinnesbewusstsein)

Das Objekt der ersten fünf Formen des Bewusstseins ist die Sphäre der Natur; der Modus ihrer Wahrnehmung ist direkt, und ihre Natur kann heilsam, unheilsam oder neutral sein. Im Zweiten Land wirken nur das Sehbewusstsein, das Hörbewusstsein und das Tastbewusstsein. Die fünf Formen des Sinnesbewusstseins arbeiten mit den Fünf Universellen, den Fünf Speziellen, den elf heilsamen geistigen Gebilden, den zwei mittleren sekundären Unheilsamen (die Abwesenheit der inneren Scham, die Abwesenheit der Scham vor anderen), den acht größeren sekundären unheilsamen geistigen Gebilden und mit Gier, Hass und Verwirrung.

Alle fünf Formen des Bewusstseins operieren auf der Grundlage der Reinen Sinnesorgane, abhängig von neun, acht oder sieben Bedingungen. Sie beobachten die Welt des Staubs; zwei von ihnen aus der Distanz, drei in direktem Kontakt. Ahnungslose Menschen finden es schwierig, zwischen Sinnesorgan und Bewusstsein zu unterscheiden.

Nur dank der Später Erworbenen Weisheit können die fünf Formen des Bewusstseins Leerheit in ihren manifestierten Formen betrachten. So sind die fünf Formen des Bewusstseins selbst nach der Erleuchtung nicht imstande, aus sich selbst heraus wahre Leerheit zu berühren. Wenn die achte Form des Bewusstseins in die Große Spiegelgleiche Weisheit verwandelt ist, können die fünf Formen des Bewusstseins den Zustand der »Nicht-Undichtigkeit«, *anashrava*, erreichen. Daraufhin sind die drei Arten der Manifestationskörper da, um uns zu helfen, den Kreislauf des Leidens in dieser Welt zu beenden.

Verse über das sechste Bewusstsein
(Geistbewusstsein)

Das sechste Bewusstsein kann sehr leicht beobachtet werden, wenn es in den drei Naturen, den drei Modi der Wahrnehmung, den drei Objektarten der Wahrnehmung operiert und wenn es sich in den drei Bereichen bewegt. Dieses Bewusstsein arbeitet mit allen einundfünfzig geistigen Gebilden. Ob von unheilsamer oder heilsamer Natur hängt von Zeit und Gelegenheit ab.

Bezogen auf das sechste Bewusstsein befinden sich die drei Naturen, die drei Bereiche und die drei Gefühle in ständiger Transformation, fortwährendem Wandel. Die sechs grundlegenden unheilsamen geistigen Gebilde und die elf heilsamen geistigen Gebilde (wie Vertrauen und so weiter) sind alle darin einbezogen. Das sechste Bewusstsein konstituiert die hauptsächliche dynamische Kraft für Sprache und Handlung, welche künftige Reifung sowohl im Generellen als auch im Besonderen bestimmt.

Selbst wenn ein Praktizierender mit seinem Bodhisattva-Anfängergeist das Land der Freude betritt, so liegt die ihm innewohnende Anhaftung an ein Selbst noch schlafend in den Tiefen des Bewusstseins. Nur wenn er das Siebte Land, das Weit-Reichende Land genannt, erreicht, wird dieses Bewusstsein frei sein von »Undichtigkeiten«. Zu dieser Zeit wird das sechste Bewusstsein zur Weisheit der Wundervollen Kontemplation und erleuchtet den gesamten Kosmos.

Verse über das siebte Bewusstsein
(manas)

Verschleiert und mit einem Objekt, das einige Substanz enthält, den Liebhaber und die Basis verbindend, folgt das siebte Bewusstsein stets der Basis. Es hängt an der Basis, sie als Selbst betrachtend. Sein Modus der Wahrnehmung ist fehlerhaft. Es arbeitet mit den fünf Universellen, den acht größeren sekundären geistigen Gebilden, mit *mati* (einem der fünf Speziellen) und mit Selbst-Liebe (Gier), Selbst-Täuschung (Unwissenheit), Selbst-Sicht (falsche Sicht) und Selbst-Täuschung (Arroganz).

Fortwährend dem Objekt des Selbst folgend und danach greifend, erzeugt dieses Bewusstsein in den Lebewesen Tag und Nacht den Zustand des Träumens und der Verwirrung. Die vier Geistesplagen und die acht größeren sekundären geistigen Gebilde manifestieren sich stets mit dem siebten Bewusstsein und arbeiten immer mit ihm zusammen. Dieses Bewusstsein wird auch die Grundlage von Unreinheit und Reinheit für die anderen sechs sich entwickelnden Formen des Bewusstseins genannt.

Wenn der Praktizierende das Land der Übergroßen Freude erreicht, dann beginnt sich die Natur des Gleichmuts zu enthüllen. Wenn er im Achten Land ankommt, dem Land der Mühelosigkeit, ist die Illusion des Selbst gegangen. Zu dieser Zeit manifestiert der Tathagata zum Wohl anderer seinen Körper, und alle Bodhisattvas der zehn Richtungen profitieren von seiner Präsenz.

Verse über das achte Bewusstsein
(Speicherbewusstsein)

Mit seiner unbestimmten (und nicht verschleiernden) Natur arbeitet das achte Bewusstsein mit den Fünf Universellen. Die Bereiche und Länder hängen von karmischen Kräften ab. Menschen, die den niederen Fahrzeugen angehören, wissen aufgrund ihrer Anhaftung und ihrer falschen Sicht nichts über das achte Bewusstsein. Aus diesem Grund debattieren sie noch immer über seine Präsenz.

Wie unermesslich ist der Unfassbare Dreifache Speicher! Aus dem tiefen Ozean des Speichers erheben sich die sieben sich entwickelnden Formen des Bewusstseins; der Wind ist das Objekt ihrer Wahrnehmung! Dieses Bewusstsein empfängt Imprägnierungen, bewahrt alle Samen sowie den Körper, die Sinnesorgane und die Umgebung. Es ist der, der zuerst kommt und zuletzt geht und wirklich der Herr des Hauses ist!

Vor der Ankunft im Land der Unerschütterlichkeit wird die Funktion des achten Bewusstseins fahren gelassen. Nachdem der Diamantpfad erreicht ist, gibt es keine weitere Reifung. Die Große Spiegelgleiche Weisheit und das Makellose Bewusstsein erscheinen zur gleichen Zeit, die zahllosen Buddhafelder in den zehn Richtungen erhellend.

Anhang B
Die einundfünfzig geistigen Gebilde

Sanskrit	Deutsch
sarvatraga	**Fünf Universelle**
sparsa manaskara vedana samjna cetana	Kontakt Aufmerksamkeit Gefühl Wahrnehmung Willensregung
viniyata	**Fünf Spezielle**
chanda adhimoksa smrti samadhi prajña (mati)	Absicht Entschlossenheit Achtsamkeit Konzentration Weisheit, Einsicht
kusula	**Elf Heilsame**
sraddha hri apatrapya alobha advesa amoha virya	Vertrauen innere Scham Scham vor anderen Abwesenheit von Gier Abwesenheit von Hass Abwesenheit von Unwissenheit Energie

Sanskrit	Deutsch
prasjbdhi apramada upeksa ahimsa	Frieden, Leichtigkeit Eifer, Sorgfalt Gleichmut Gewaltlosigkeit
Heilsame geistige Gebilde, hinzugefügt von Thich Nhat Hanh	
abhaya asoka sthira maitri karuna mudita sagauravata sukha nirjvara vasika	Nicht-Angst Abwesenheit von Besorgnis Stabilität, Festigkeit liebende Güte Mitgefühl Freude Demut Glück Fieberlosigkeit Freiheit, Souveränität
klesa	**Sechs Grundlegende Unheilsame**
raga pratigha mudhi mana vicikitsa drsti	Gier Hass Unwissenheit, Verwirrung Stolz, Arroganz Zweifelssucht falsche Sichtweise
upaklesa	**Zwanzig Sekundäre Unheilsame**
	Zehn Kleinere Sekundäre Unheilsame
krodha upanaha mraksa pradasa irsya matsarya	Irritation, Ärger Feindseligkeit Heuchelei Übelwollen Eifersucht Selbstsucht

Sanskrit	Deutsch
maya sathya vihimsa mada	Unehrlichkeit, Falschheit Täuschung, Arglist Wille zu verletzen Stolz
	Zwei Mittlere Sekundäre Unheilsame
ahrikya anapatrapya	Fehlen von innerem Schamgefühl Fehlen von Schamgefühl vor anderen
	Acht Größere Sekundäre Unheilsame
auddhatya styana sraddhya pramada kausidya musitasmrita viksepa samprajna	Ruhelosigkeit Trägheit Mangel an gläubigem Vertrauen Faulheit Nachlässigkeit Achtlosigkeit Verwirrung falsches Verständnis, Fehlen von Einsicht
Unheilsame geistige Gebilde, hinzugefügt von Thich Nhat Hanh	
bhaya soka visada	Angst Besorgnis Verzweiflung
aniyata	**Vier Unbestimmte**
kaukytya middha vitarka vicara	Reue Schläfrigkeit Einsetzen des Denkens Angewandtes Denken